CW01668178

VOTRE DOS

Comprendre
Prévenir
Soulager

Renita Fehrsen-Du Toit

amphora sports

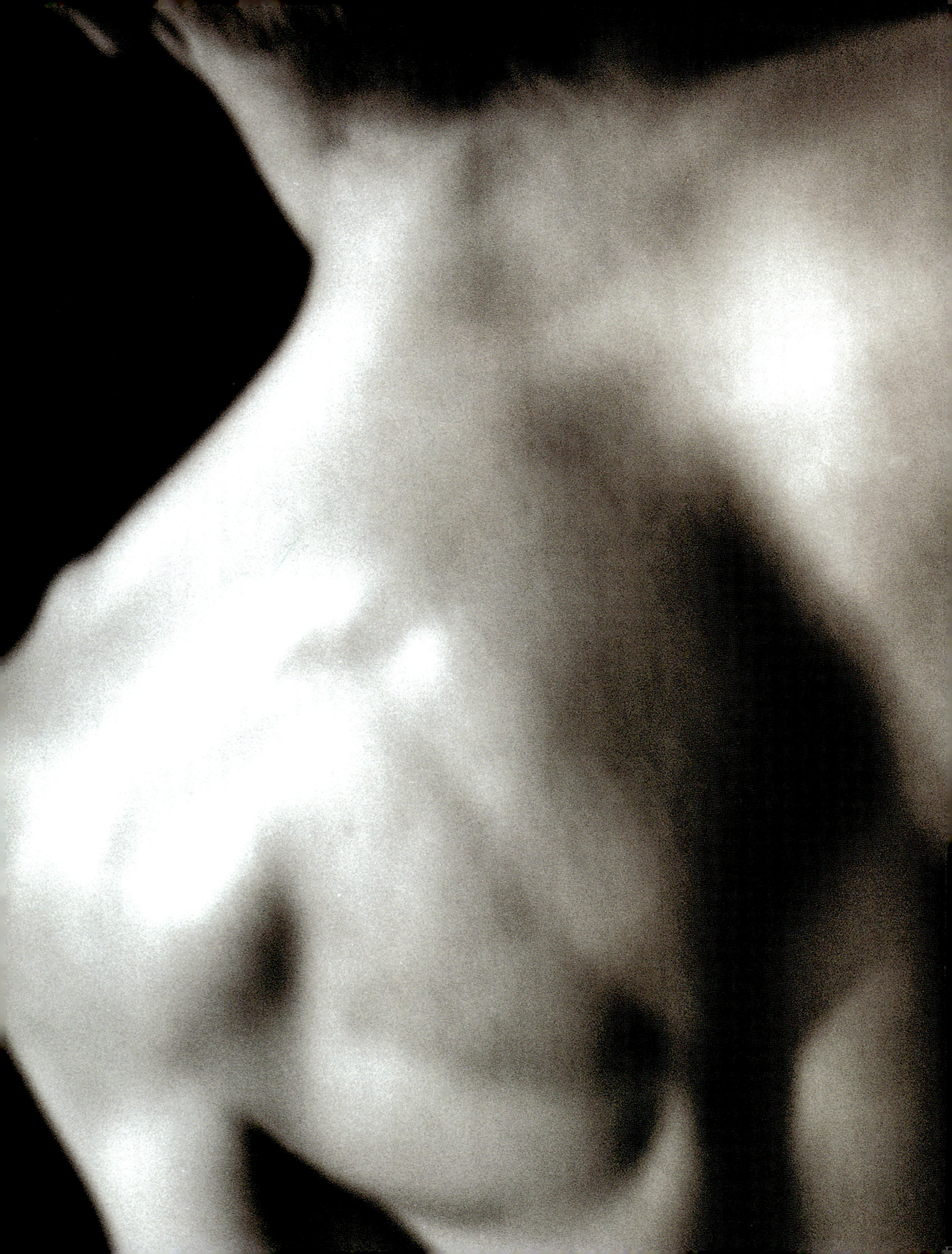

VOTRE DOS

Comprendre
Prévenir
Soulager

Avertissement :

Ni les auteurs, ni l'éditeur ne sauraient être tenus pour responsables des conséquences qui pourraient provenir d'une mauvaise interprétation des informations contenues dans cet ouvrage.

Titre de l'édition originale : The good back book.

Édition originale publiée en 2002 par New Holland Publishers
Traduit par Pascal RAMON
Imprimé par : Times Offset (M) SDN Bhd, Malaysia

Copyright © 2002 New Holland Publishers (UK) Ltd
Copyright © 2003 Éditions Amphora

ISBN 2 85180 624 6

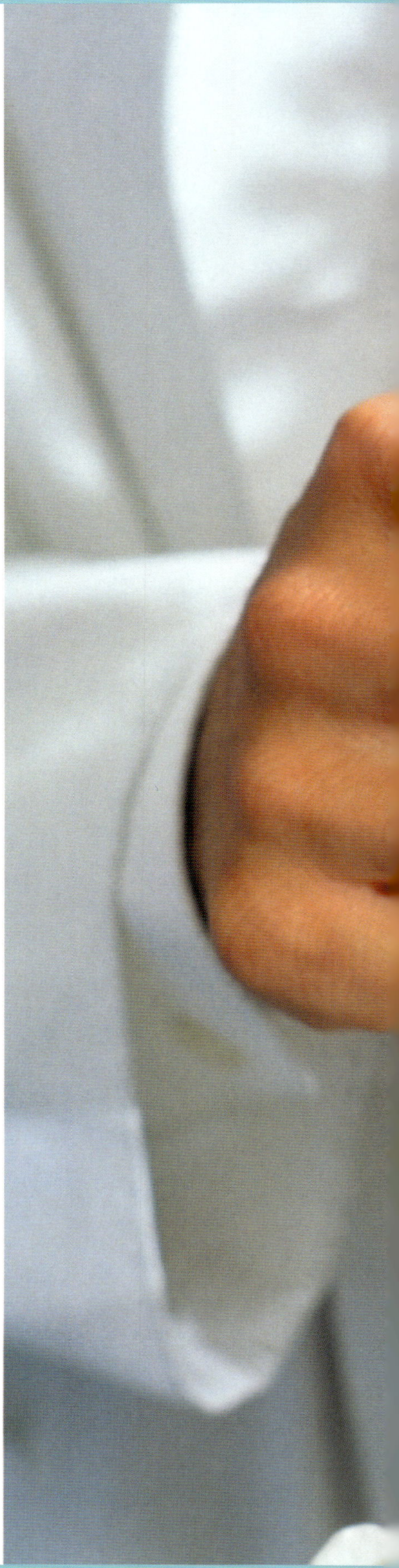

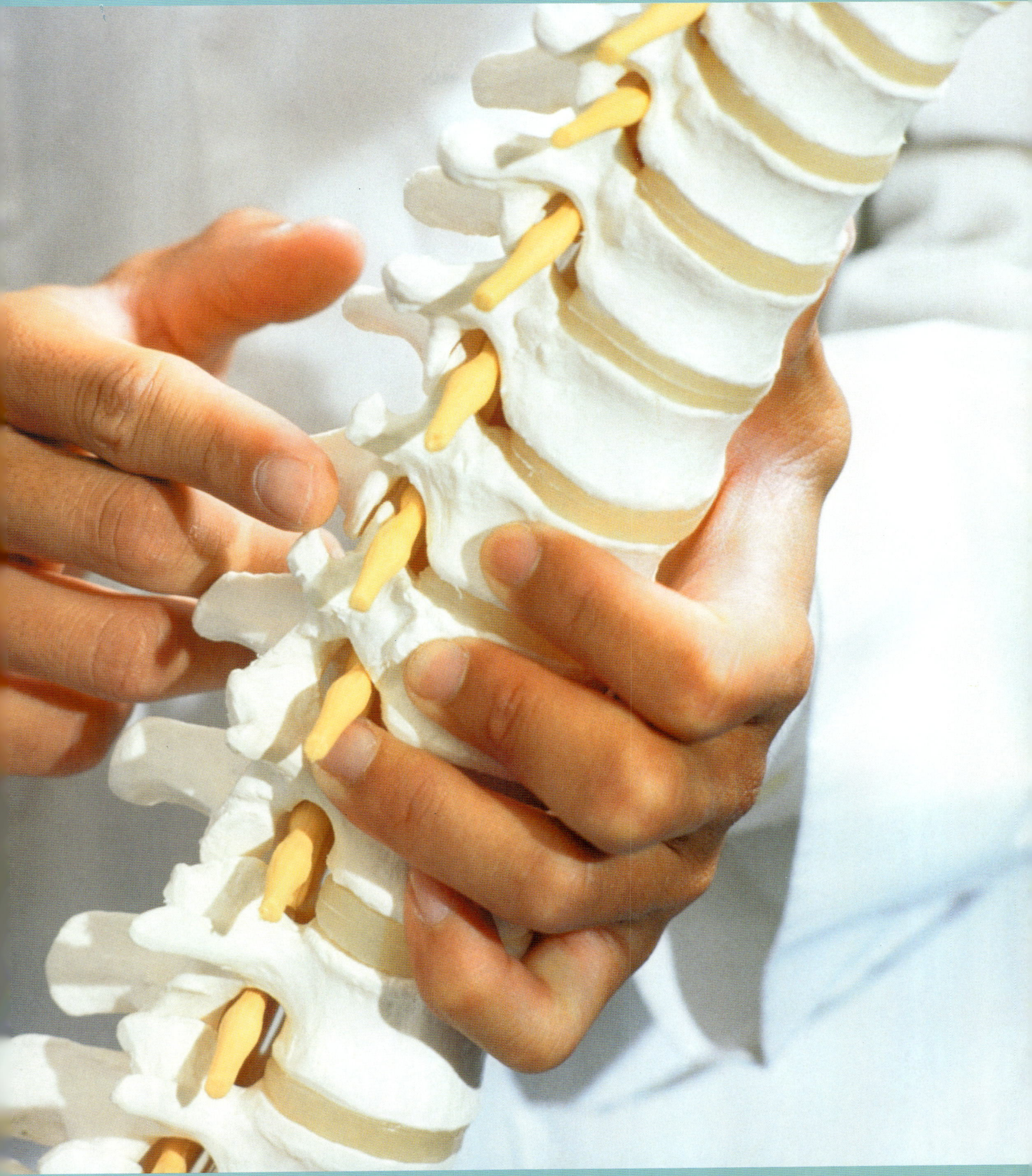

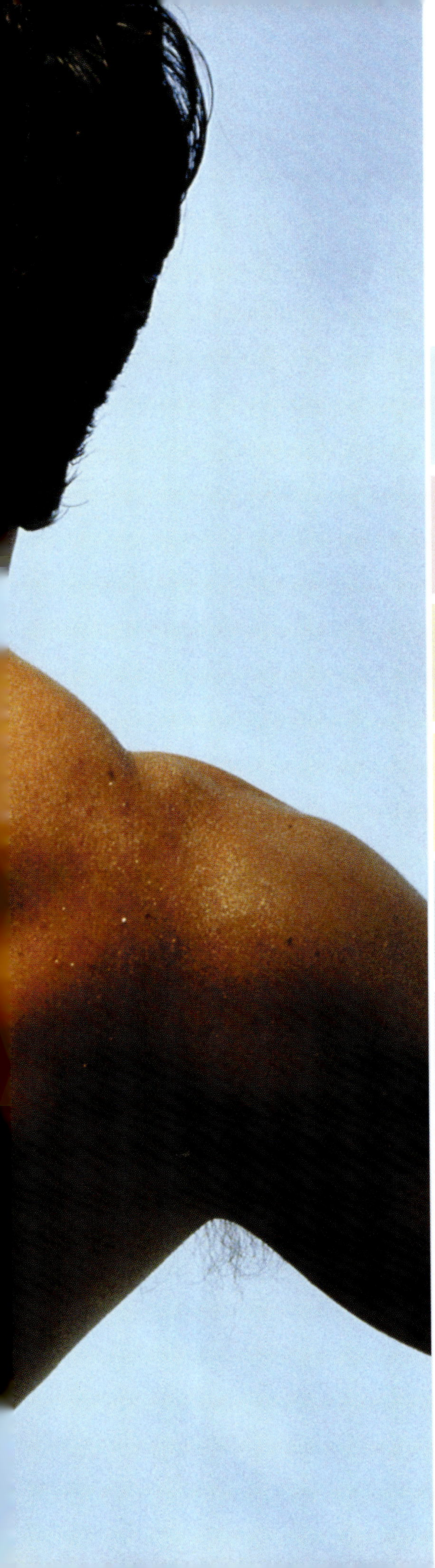

Sommaire

Introduction

L'objectif de cet ouvrage est de vous apporter des conseils qui, nous l'espérons, vous aideront à préserver votre dos et à identifier les facteurs susceptibles de déclencher la douleur. Il est néanmoins difficile de décrire précisément l'ensemble des circonstances et des activités qui peuvent déclencher – ou, au contraire, prévenir – les dorsalgies, car chaque problème de dos est différent. Aussi ne vous délivrerons-nous que des recommandations, et non des règles strictes qui permettraient d'obtenir un succès à cent pour cent. Si vous souffrez déjà d'un problème de dos, ne manquez pas de vous faire examiner par un professionnel qui vous conseillera personnellement, en fonction du problème particulier dont vous souffrez.

Vous trouverez dans cet ouvrage une description anatomique du dos qui vous permettra de connaître un peu mieux les structures qui peuvent être à l'origine des dorsalgies. Nous aborderons également l'importance des positions, ainsi que la façon d'éviter ou de corriger certains mouvements pour prévenir les problèmes de dos. Nous présenterons enfin un certain nombre de facteurs associés aux problèmes de dos et nous vous proposerons des exercices qui pourront vous aider à prévenir les tensions et les douleurs lombaires.

Nous avons choisi de suivre une approche conservatrice pour traiter les problèmes de dos et nous nous appuyons sur des faits médicaux démontrés et vérifiés par la recherche. Dans la mesure où les thérapeutes manuels tels que les ostéopathes, les kinésithérapeutes et les chiropracteurs ont parfois des opinions divergentes pour ce qui relève de la prévention, nous avons également choisi de vous présenter des conseils qui recueillent l'assentiment de la majorité des professionnels.

Nous espérons que vous prendrez plaisir à apprendre de nouvelles choses concernant votre dos, ainsi que les moyens de le maintenir en bonne santé !

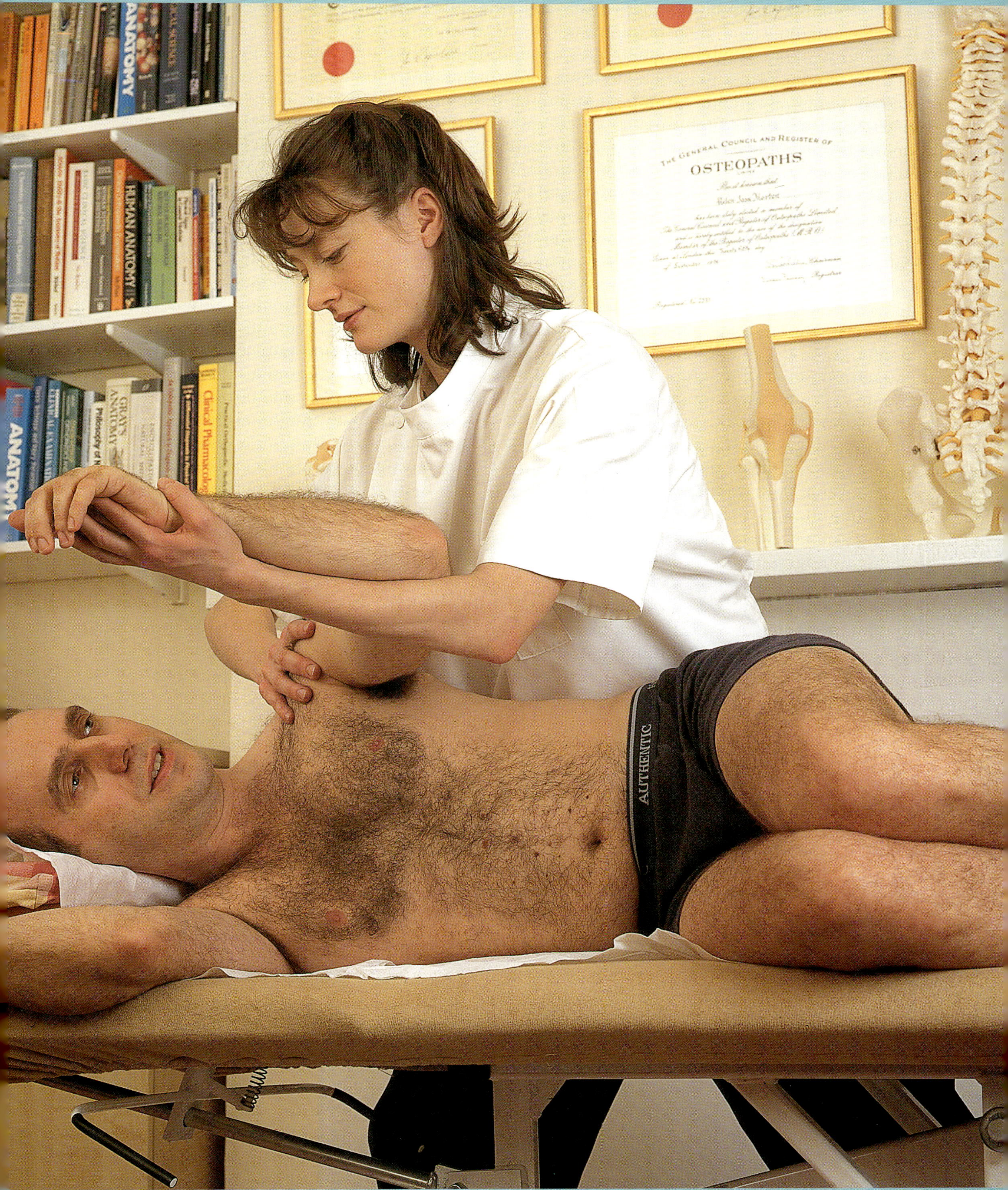
THE GENERAL COUNCIL AND REGISTER OF
OSTEOPATHS
ANATOMY
HUMAN ANATOMY
GRAY'S ANATOMY
AUTHENTIC

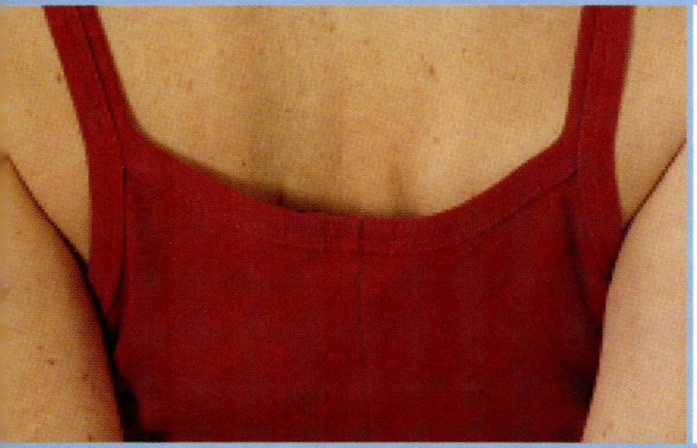

Le mal de dos :
UN PROBLÈME UNIVERSEL

Le mal de dos est, immédiatement après le rhume, l'affection la plus répandue et la mieux partagée, puisqu'il fait peu de cas de l'âge, de la race, du sexe, du statut social ou du niveau d'éducation ; et les problèmes, lorsqu'ils surviennent, peuvent être liés à l'héritage génétique comme à la façon dont on traite le dos. La charge de travail que l'on confie au dos et l'endurance que l'on en attend relèvent souvent d'une mauvaise estimation, surtout si l'on songe à la façon dont on prépare le dos à répondre à ces exigences.

Vous ne connaissez probablement pas la façon dont votre dos est affecté par vos activités quotidiennes, et il est probable que vous ne savez pas comment votre colonne vertébrale réagit à certains mouvements. L'étendue des mouvements de votre dos est bien plus importante que celle des autres parties de votre corps — il peut en effet se pencher en avant, en arrière et pivoter de chaque côté — mais il est aussi beaucoup plus sensible que les autres. Le bas du dos est la partie la plus sollicitée car, outre qu'il supporte le poids lié à votre activité, il supporte également le poids du thorax, de la tête et du cou. La charge que doit supporter le bas de votre dos varie par ailleurs en fonction de la manière dont vous l'employez, et c'est probablement parce que vous ne savez pas comment répartir correctement cette charge que vous utilisez le bas de votre dos plus qu'il ne conviendrait. Malheureusement, la façon dont vous traitez votre dos au quotidien influe directement sur le temps qu'il mettra à vous causer des problèmes ; par conséquent, plus vous abusez de votre colonne vertébrale (en vous asseyant et en vous tenant debout de manière incorrecte, en ramassant des objets sans prendre garde à votre position), plus vous avez de chances d'abîmer votre dos.

Obligés de porter quotidiennement des charges importantes, les personnes travaillant dans le bâtiment et les ouvriers représentent une catégorie à haut risque en ce qui concerne les problèmes de dos

Mais êtes-vous le seul à souffrir du dos ? Certainement pas. De nombreuses enquêtes ont démontré que des millions de personnes chaque année se plaignent de problèmes liés au dos et à la colonne vertébrale. Les

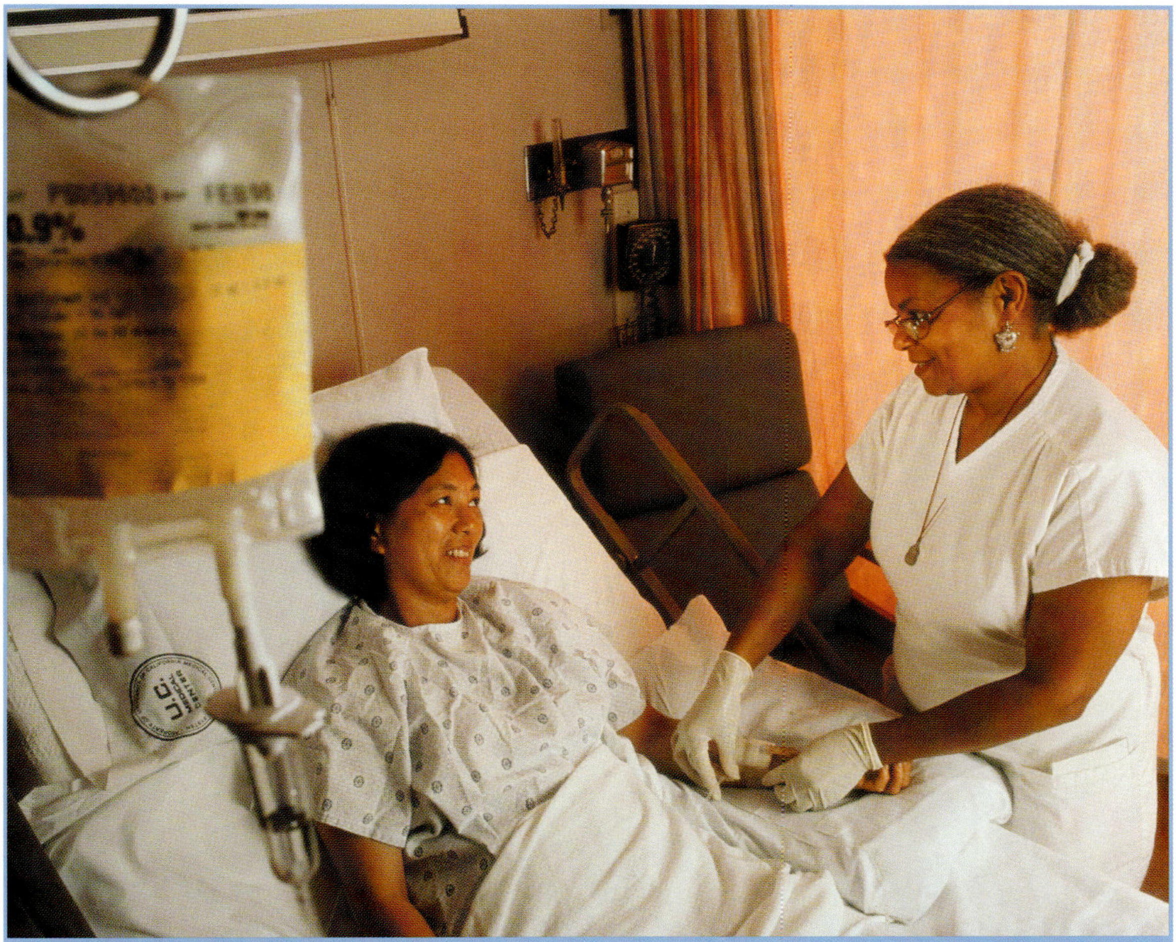

Les personnels médicaux, qui travaillent souvent de longues heures durant sans avoir la possibilité de se reposer, surchargent involontairement les structures du dos.

exemples qui suivent vous montreront à quel point ces problèmes de dos sont répandus :

- Les enquêtes réalisées en Grande-Bretagne indiquent que les ouvriers travaillant dans l'industrie et soulevant des charges lourdes de manière répétée sont plus vulnérables au mal de dos que les travailleurs sédentaires. Ces enquêtes montrent par ailleurs que les mineurs âgés de plus de 50 ans ont environ 25% plus de risques d'avoir un problème de dos que des employés de bureau. Elles ont également établi que les maçons souffrent fréquemment de mal de dos en raison précisément des mouvements spécifiques qu'ils sont contraints d'exécuter (lorsqu'ils doivent se pencher en avant ou en arrière, parfois en se tournant de côté), mais aussi parce qu'ils se penchent en avant de façon prolongée lorsqu'ils préparent le ciment.
- Les infirmières ont, elles aussi, souvent des problèmes de dos en raison des activités physiques qu'elles déploient pour s'occuper des patients et du fait qu'elles restent de longues heures debout. Une infirmière sur six environ souffre du bas du dos, et 16% des congés de maladie sont dus au mal de dos.
- Les travailleurs sédentaires ne sont pas non plus épargnés. Les heures passées devant un écran d'ordinateur, une machine à coudre ou un microscope, lorsqu'on adopte longtemps une mauvaise position, provoquent une tension inutile du bas du dos qui finit par se traduire par des douleurs.

80% des gens souffrent du dos à un moment ou à un autre de leur vie.

Le simple fait de modifier la hauteur de la chaise ou de la surface de travail permet souvent d'épargner la région lombaire.

• Dans les usines, les ouvriers ayant des postes de travail situés à une hauteur ou à une distance incorrecte ont également souvent mal au dos. Leurs activités quotidiennes les contraignent à se pencher en avant et à s'étirer pour atteindre leur matériel de travail et ces efforts prolongés, qui sollicitent excessivement le dos alors même que leur position est incorrecte, les rendent plus sensibles aux lésions.

Entre 60 et 80% des gens connaîtront à un moment ou à un autre de leur vie des problèmes de dos. Pour chaque employé, trois jours de travail sont perdus chaque année en raison du mal de dos, et au cours des vingt dernières années, les congés de maladie provoqués par des problèmes de dos ont été multipliés par trois. Les heures de travail perdues en raison de ces congés de maladie représentent des pertes financières importantes et le problème est inquiétant dans certains secteurs.

Parmi les personnes qui éprouvent des problèmes de dos pour la première fois, près de 60% souffrent à nouveau du dos moins d'un an plus tard. Ainsi, l'un des meilleurs témoins d'alerte d'un nouvel accès de mal de dos, c'est précisément l'accès précédent. Le secret pour conserver un dos en bonne santé est donc de prévenir plutôt que de guérir.

Le fait de connaître un peu mieux votre dos vous permettra de savoir comment il peut fonctionner de façon optimale et quelles sont les circonstances qui auront tendance à lui nuire. Cette connaissance vous permettra d'avoir moins recours aux soins médicaux, vous rassurera et vous permettra de vous rétablir plus rapidement. Le fait d'exercer votre dos au moyen d'exercices spécifiques et de modifier la façon dont vous accomplissez les gestes quotidiens vous aidera à éviter les problèmes de dos et à épargner du temps, de l'argent et de la peine.

Un certain nombre de facteurs augmentent le risque de rencontrer un jour des problèmes de dos. Voici les plus fréquents.

LE MODE DE VIE

Un mode de vie équilibré doit s'accompagner d'une certaine activité physique (des exercices cardiovasculaires et de mobilité, par exemple, qui ont un effet positif sur tout l'organisme). Un tel mode de vie contribue à renforcer votre cœur ; il fait baisser le taux de cholestérol, réduit le risque de problèmes cardiovasculaires, renforce le support musculaire de la colonne vertébrale et réduit enfin le risque de connaître des problèmes de dos. Ceux-ci sont de plus en plus souvent dus à la vie sédentaire que nous menons, aux commodités de la vie moderne et au fait que nous avons

Parmi les autres facteurs qui contribuent au mal de dos, citons :

- Des muscles abdominaux trop faibles
- Une tension musculaire générale
- La dépression
- La souffrance émotionnelle
- L'excès de poids
- L'absence d'exercice régulier
- L'insatisfaction dans le travail
- La position de travail

Un mode de vie équilibré doit comporter un peu d'exercice. Mais trop d'exercice peut nuire aux défenses naturelles du corps.

tendance à être, tous âges confondus, de moins en moins actifs.

Un mode de vie équilibré suppose également un régime alimentaire équilibré, car une alimentation incorrecte peut entraîner des problèmes de poids qui soumettent la colonne vertébrale à des efforts supplémentaires. Tandis que les muscles perdent de leurs forces, vous adoptez de mauvaises positions et surchargez votre dos. De nombreuses études indiquent par ailleurs que le tabac augmente le risque de développer des problèmes de dos, du fait qu'il tend à accélérer certains processus dégénératifs. Il a sans doute également un rapport avec les problèmes discaux.

LE STRESS

Deux types de stress peuvent affecter votre dos : le stress émotionnel (ou psychologique) et le stress mécanique. Une personne stressée psychologiquement souffre un certain nombre d'altérations physiques : sa posture s'en trouve affectée et elle sollicite davantage ses ligaments, ses articulations et ses muscles, les rendant ainsi plus sensibles aux contraintes mécaniques. Des études ont montré que le stress psychologique pouvait accroître la compression et l'usure des articulations de la colonne vertébrale, qui augmentent à leur tour le risque de souffrir de problèmes de dos. En cas de douleur de dos existante, le stress lié au travail ne fait que l'augmenter davantage.

Les personnes qui ont des kilos en trop ou qui sollicitent

La nécessité d'être une "mère parfaite" fait que les femmes actives avec un enfant sont souvent exposées aussi bien au stress émotionnel qu'au stress mécanique.

leur dos de façon incorrecte peuvent également ressentir les effets du stress mécanique sur leur colonne vertébrale. Le fait d'adopter différentes positions crée toute une série de forces qui s'exercent sur la colonne vertébrale, mais rester dans une seule position accroît la tension dans le bas du dos. Cela peut entraîner des douleurs et, à long terme, des changements dégénératifs de la structure de la colonne vertébrale.

L'excès de poids affecte les femmes enceintes ou les personnes ayant des kilos en trop, car il se produit une distension des muscles abdominaux et la stabilité de la colonne vertébrale s'en trouve compromise

LA GRAVITE

La gravité joue un rôle dans la compression de vos articulations. Mais toutes les formes de compression ne sont pas néfastes. Lorsque la colonne vertébrale est dans une position correcte, la compression est nécessaire pour maintenir une densité osseuse élevée et des os sains ; elle contribue de la sorte à prévenir l'ostéoporose et à réduire le risque de développement de fractures de la colonne vertébrale. Une compression intermittente est également essentielle, car elle entretient le mouvement du liquide articulaire en apportant des substances nutritives, en éliminant les déchets et en lubrifiant les articulations pour faciliter les mouvements. Mais en revanche, le fait de maintenir une compression constante dans une mauvaise position (en se tenant avachi ou en marchant penché en avant) n'est pas bon pour les articulations : cela comprime les disques intervertébraux et le cartilage des articulations, qui sont alors relativement déshydratés et plus vulnérables aux lésions.

GROSSESSE ET PROBLEMES DE POIDS

La grossesse et la prise de poids vont de pair. Durant leur grossesse, en effet, les femmes ont tendance à prendre un surplus de poids important en peu de temps et leur corps est contraint de s'adapter rapidement. La prise de poids et l'augmentation du volume, qui interviennent essentiellement sur la partie antérieure du corps, ont pour effet de courber la partie inférieure de la colonne vertébrale et provoquent un rapprochement et une compression des articulations. Du fait de la prise de poids et de la modification du volume du corps, les muscles abdominaux qui supportent le bas du dos s'affaiblissent, la colonne est moins soutenue et les articulations doivent fournir un effort plus important. Les personnes qui ont des kilos en trop subissent des modifications physiques similaires et endurent les mêmes conséquences.

La production d'hormones joue elle aussi un rôle durant la grossesse, car elle a pour effet de détendre (ou de distendre) les ligaments pour préparer l'accouchement. Cette distension affecte tous les ligaments, et donc ceux qui jouent un rôle dans la stabilisation de la colonne vertébrale.

L'exercice et le mouvement sont bons pour les personnes âgées, car ils permettent aux articulations de rester lubrifiées et aux muscles de conserver leur force

LES EFFETS DE L'AGE

Avec l'âge, un certain nombre de changements affectent la colonne vertébrale : le cartilage des articulations diminue et devient plus fragile, les articulations peuvent devenir de plus en plus raides et les mouvements sont de plus en plus limités. Et si les changements dus à l'âge n'entraînent pas nécessairement de douleurs ni de gênes, ils nous rendent néanmoins plus vulnérables aux lésions. Un mauvais usage du dos, lorsqu'il est prolongé, peut également entraîner des complications à mesure que l'on avance en âge et favorise les processus dégénératifs, de sorte que la probabilité de souffrir de problèmes de dos augmente considérablement entre 55 et 64 ans. La longueur de la colonne vertébrale diminue avec l'âge en raison de l'usure progressive des plateaux vertébraux et de la diminution de la densité des os (ostéoporose). Ce phénomène apparaît généralement plus tôt chez les femmes que chez les hommes et il est souvent associé à l'âge mûr et aux changements provoqués par la ménopause. Cependant, la perte osseuse due au vieillissement n'est pas inévitable. S'il est difficile de l'éviter complètement, il reste possible de prévenir cette perte osseuse liée au vieillissement et de la limiter en faisant régulièrement de l'exercice, en consommant du calcium ou en suivant un traitement hormonal.

QUE DOIT-ON FAIRE SI L'ON VIENT DE SE FAIRE MAL AU DOS ?

On se fait souvent mal au dos à la suite de mouvements répétitifs ou lorsqu'on reste longtemps dans une même position. Il est également plus facile de se faire mal lorsqu'une action est exécutée rapidement et de manière irréfléchie. Lorsque vous vous faites mal, la meilleure chose à faire est d'interrompre l'activité en cours. Essayez de pencher le dos dans la position opposée à celle que vous aviez adoptée pour travailler, mais arrêtez-vous immédiatement si cela vous fait mal. Essayez de vous asseoir si cela vous soulage, ou trouvez une position confortable et effectuez lentement des mouvements de bicyclette.

A

Les problèmes de disques surviennent souvent lorsqu'on se penche en avant tout en se tournant sur le côté (photo A). Si vous le pouvez, agenouillez-vous en prenant appui sur vos mains et bougez votre dos (photo B) ; des mouvements circulaires et en creux parviennent souvent à soulager le mal de dos.

Lorsque vous vous faites mal, vous pouvez aussi vous allonger une trentaine de minutes. Une bonne position pour soulager le mal de dos consiste à s'allonger sur le dos, les genoux pliés à 90° et les jambes appuyées sur quelques oreillers. Si la douleur s'apaise et que vous vous sentez en mesure de vous tenir debout sans gêne, vous pouvez peut-être reprendre votre travail, mais en évitant toute activité susceptible de vous faire mal. Si, au contraire, la douleur persiste, il est recommandé de laisser le dos au repos le reste de la journée et d'éviter les activités qui ont été à l'origine de votre douleur. Consultez si possible un médecin ou un thérapeute manuel. Si vous pouvez à peine bouger et que la douleur est très vive, consultez un médecin au plus tôt.

Si vous vous réveillez le matin en ayant très mal au dos et que vous n'êtes pas certain de la cause de la douleur, il se pourrait que cela soit une conséquence d'une lésion remontant au jour précédent : l'inflammation à l'origine de votre douleur sera apparue durant la nuit. Un médecin devrait pouvoir vous prescrire des médicaments pour réduire l'inflammation et vous conseillera sans doute de consulter un thérapeute manuel pour suivre un traitement.

B

QUAND DEVEZ-VOUS CONSULTER UN MEDECIN ?

- Lorsque vous avez mal au dos pendant plus d'un jour et qu'aucune amélioration ne semble se produire.
- Si vous souffrez d'un mal de dos chronique, ou qui dure longtemps.
- Lorsque vous éprouvez un léger mal de dos qui dure plus de quatre ou cinq jours.
- Si vous avez mal au dos et aux jambes (douleur irradiante).
- Lorsque vous avez mal aux jambes ou que vous éprouvez une perte de sensibilité de la jambe ou du pied que vous n'aviez jamais ressentie auparavant.
- Si vous avez des difficultés pour marcher et que vous associez ces difficultés à votre dos, en particulier lorsqu'une jambe ou un pied vous semble faible.
- Lorsque vous avez " des fourmis " dans les jambes.
- Si vous avez des fourmis dans les deux jambes à la fois de façon prolongée ou répétée et que cela dure plus de quelques minutes.
- Lorsque vous commencez à développer un problème de vessie ou d'intestin ou que vous éprouvez une perte de sensibilité entre les jambes que vous n'aviez jamais ressentie auparavant.

QUAND DEVEZ-VOUS CONSULTER UN KINESITHERAPEUTE, UN OSTEOPATHE OU UN CHIROPRACTEUR ?

Ce que ces spécialistes ont en commun, c'est qu'ils sont qualifiés pour évaluer les problèmes musculo-squelettiques ; ils ont d'ailleurs souvent une meilleure connaissance de ce type de problèmes qu'un médecin généraliste. Ceci ne signifie naturellement pas que le rôle du médecin généraliste s'en trouve diminué, puisque celui-ci peut s'assurer que le problème est bien de nature mécanique et écarter d'autres causes possibles de la douleur. Si votre médecin est certain que la cause est mécanique, il vous conseillera sans doute de consulter un thérapeute manuel.

Les kinésithérapeutes et les ostéopathes utilisent des techniques de mobilisation des articulations, des massages et d'autres méthodes de traitement des tissus mous (muscles et ligaments). Ils travaillent sur les structures responsables de la gêne ainsi que sur celles qui sont réellement à l'origine du problème. Ils s'occupent également des traitements préventifs qui évitent aux problèmes d'apparaître à nouveau. Les ostéopathes et les chiropracteurs utilisent des manipulations rapides pour corriger l'alignement de la colonne vertébrale en rétablissant son équilibre ainsi que celui des structures qui lui sont liées.

Tous ces professionnels sont qualifiés pour évaluer votre problème et vous traiter en conséquence. Ils chercheront à résoudre la cause du problème mécanique et ne se contenteront pas de traiter votre douleur. Ils pourront également vous informer sur la façon dont vous pouvez protéger votre colonne vertébrale afin d'éviter d'autres lésions (reportez-vous au Chapitre 7 - Thérapies et praticiens pour de plus amples informations).

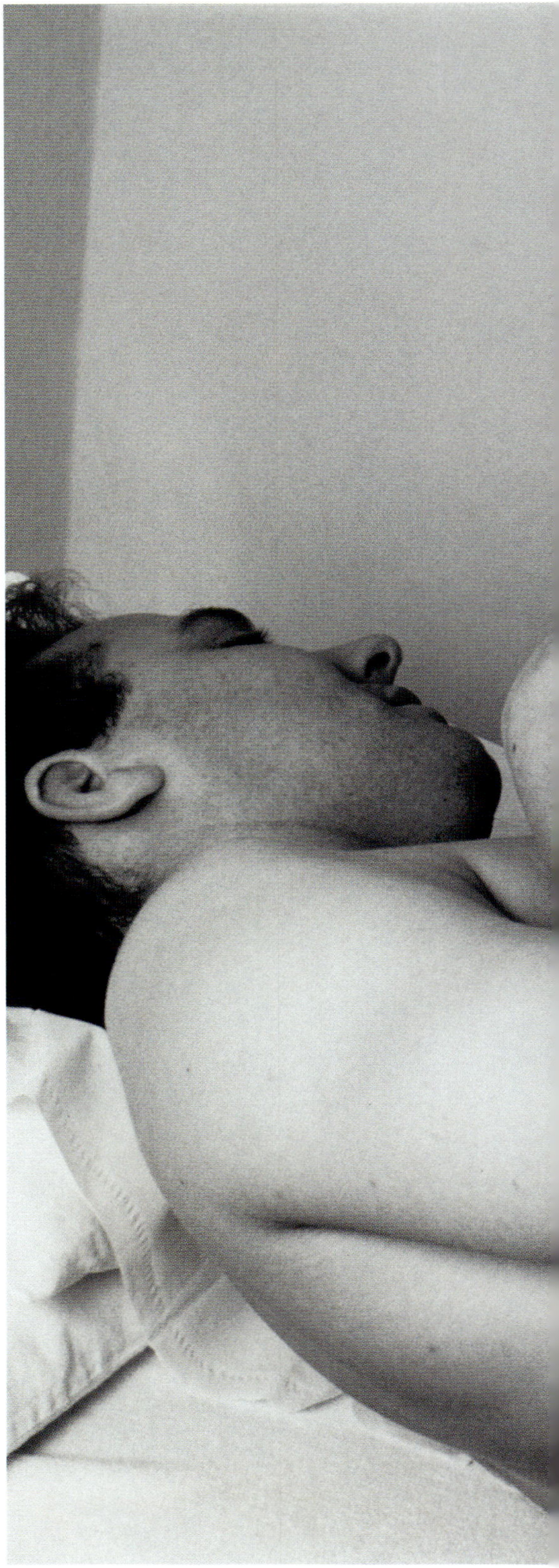

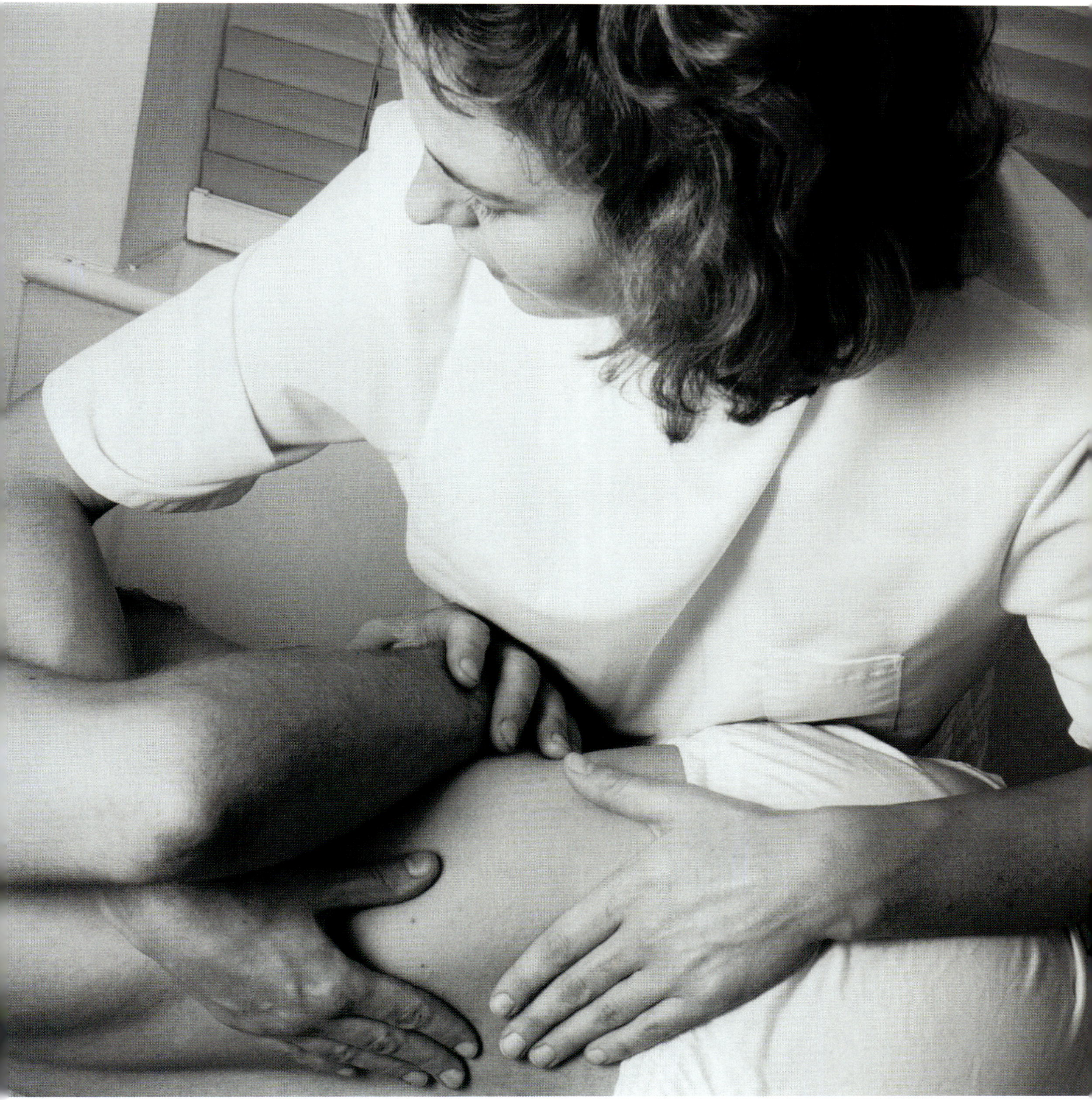

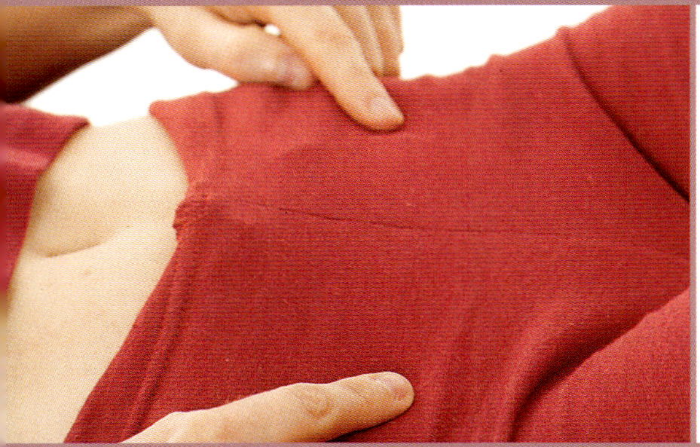

Anatomie de la colonne vertébrale

La colonne vertébrale est une structure qui ne ressemble à aucune autre dans le corps. Elle a deux fonctions principales : elle permet tout d'abord de se mouvoir et d'avoir une mobilité suffisamment importante pour réaliser un certain nombre d'activités, mais elle constitue en outre une base stable qui supporte les membres supérieurs et inférieurs et qui leur permet de travailler efficacement. Pour qu'un corps sain puisse travailler comme un tout, la colonne vertébrale doit être en mesure d'accomplir ces deux fonctions correctement. Si elle en est incapable, le dos est plus facilement sujet aux accidents. Afin de prévenir ceux-ci, vous devez connaître les structures de votre dos et la façon dont elles fonctionnent. Ce chapitre vous donnera une idée de la nature de ces structures, de ce à quoi elles ressemblent et de la façon dont elles travaillent.

LA COLONNE VERTÉBRALE

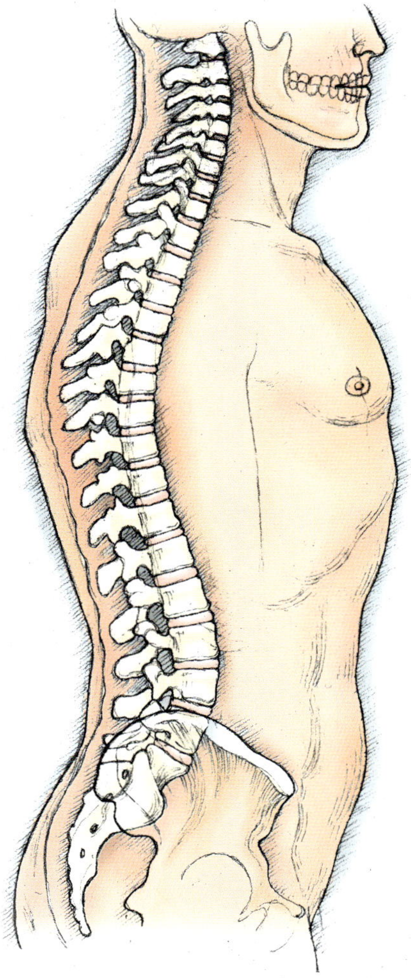

FIG 1

LA COLONNE VERTEBRALE

La colonne vertébrale (la partie du dos la plus importante) connaît trois étapes dans son développement : le stade mésenchymateux, le stade cartilagineux et le stade d'ossification. Le stade mésenchymateux intervient dans l'utérus à trois semaines : la colonne est alors semblable à un cordon extrêmement souple. Le stade cartilagineux intervient dans l'utérus à deux mois : la colonne commence alors à se former. Enfin, durant le stade d'ossification, des vaisseaux sanguins se forment dans les vertèbres cartilagineuses à mesure qu'apparaissent les centres primitifs d'ossification.

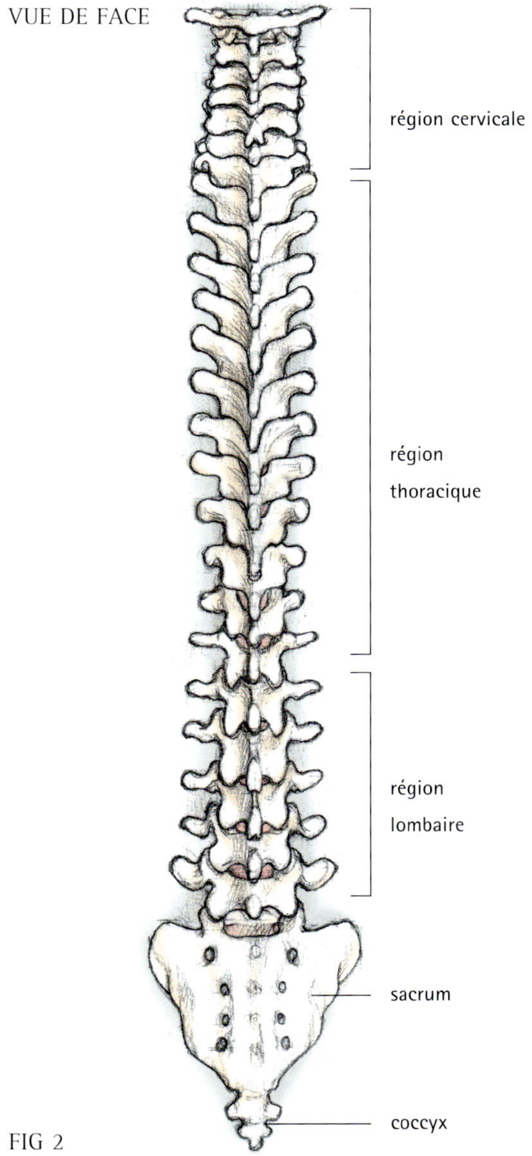

FIG 2

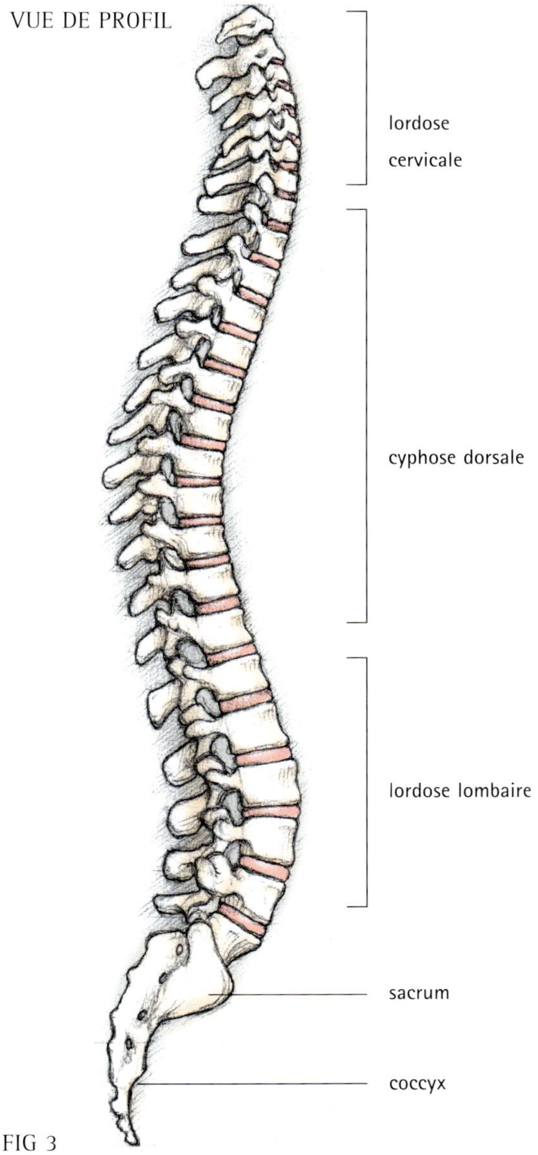

FIG 3

La colonne vertébrale se compose de 33 vertèbres posées l'une sur l'autre (voir figure 1). Vingt-quatre de ces vertèbres sont indépendantes ; cinq des neuf vertèbres restantes sont soudées et forment le sacrum, tandis que les quatre dernières constituent le coccyx. Les vertèbres s'emboîtent à la manière d'un puzzle et sont séparées par un disque intervertébral, excepté les deux vertèbres supérieures dont la structure particulière est destinée à supporter le crâne. La colonne est divisée en trois parties principales : la zone du cou (région cervicale), celle du tronc (région thoracique) et celle du bas du dos (région lombaire). Il existe 7 vertèbres cervicales, 12 vertèbres thoraciques et 5 vertèbres lombaires. Le sacrum est situé sous les vertèbres lombaires ; il s'agit d'un os solide de forme triangulaire qui constitue la partie postérieure de la ceinture pelvienne et dont la partie inférieure s'articule avec le coccyx (figure 2).

La colonne vertébrale présente plusieurs courbures. À la hauteur du cou et dans le bas du dos, les arcs formés par la colonne se nomment respectivement lordose cervicale et lordose lombaire ; la courbure inverse située à la hauteur du tronc est appelée cyphose dorsale. (figure 3). Bien des gens s'imaginent que la colonne vertébrale est complètement droite, mais il n'en est rien. La lordose et la cyphose sont parfaitement normales ; ce n'est que lorsqu'elles sont exagérées qu'elles peuvent entraîner des complications.

LES VERTEBRES LOMBAIRES

La partie inférieure de la colonne vertébrale se compose de cinq vertèbres nommées L1-L5 (figure 4). Ces vertèbres sont beaucoup plus larges que les autres vertèbres. Ceci s'explique par le fait que le bas du dos est amené à supporter un poids bien plus important et qu'il est conçu pour supporter le poids de la partie supérieure du corps en mouvement.

Chaque vertèbre lombaire est constituée d'une partie antérieure et d'une partie postérieure. La partie antérieure, appelée corps vertébral, est une structure plate et de forme ovale conçue de manière à pouvoir s'unir facilement et à supporter du poids. La partie postérieure est une structure triangulaire pourvue d'un trou, le foramen vertébral, qui protège la moelle épinière. Les éminences osseuses de chaque côté sont appelées processus transverses, et une protubérance centrale nommée processus épineux s'étend- vers l'arrière et forme les bosses que l'on peut sentir en parcourant le dos avec la main (figure 5.1). Vue de côté, la partie postérieure a d'autres protubérances osseuses appelées processus articulaires. Celles-ci forment des articulations synoviales semblables à l'articulation du genou et servent à relier entre elles les vertèbres afin qu'elles restent en place.

FIG 4

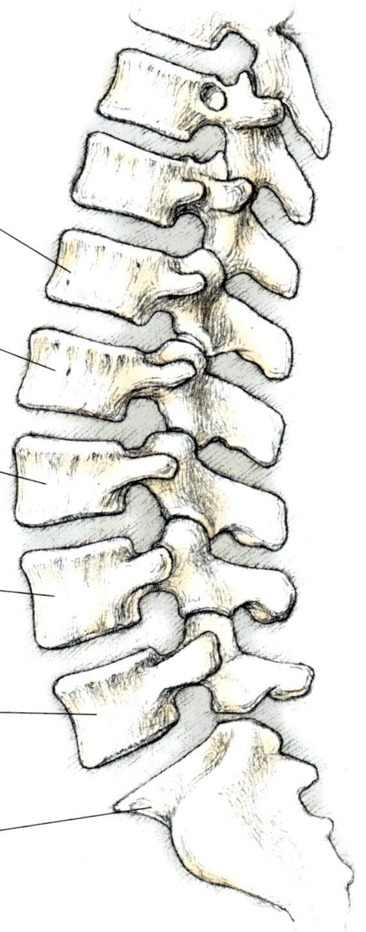

VERTÈBRES LOMBAIRES ET SACRUM

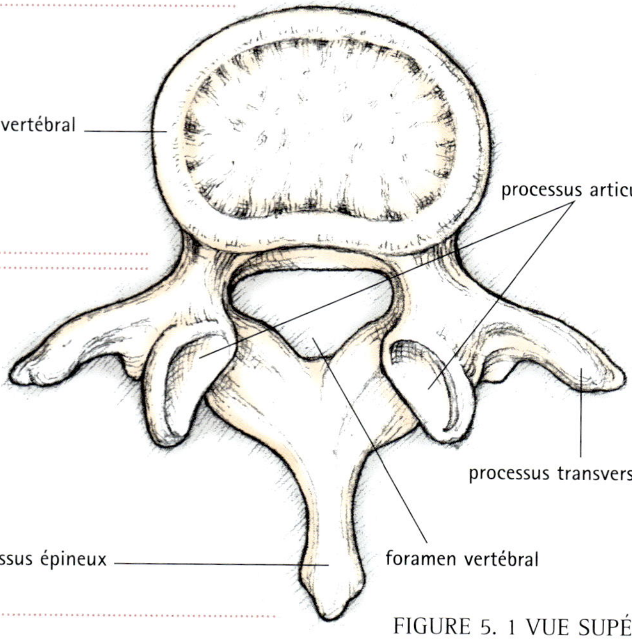

FIGURE 5. 1 VUE SUPÉRIEURE

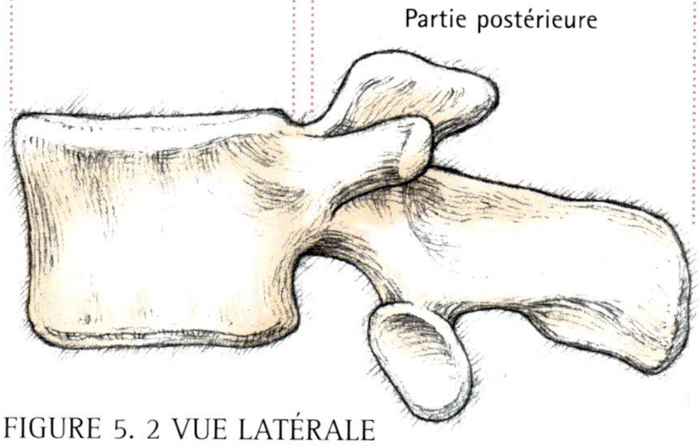

FIGURE 5. 2 VUE LATÉRALE

LES DISQUES INTERVERTEBRAUX

Les disques intervertébraux, de forme ovale, empêchent les vertèbres d'entrer en contact. Ce sont essentiellement des amortisseurs de pression qui reposent sur le corps vertébral et qui facilitent l'absorption du poids et de la pression.

LES DISQUES INTERVERTÉBRAUX

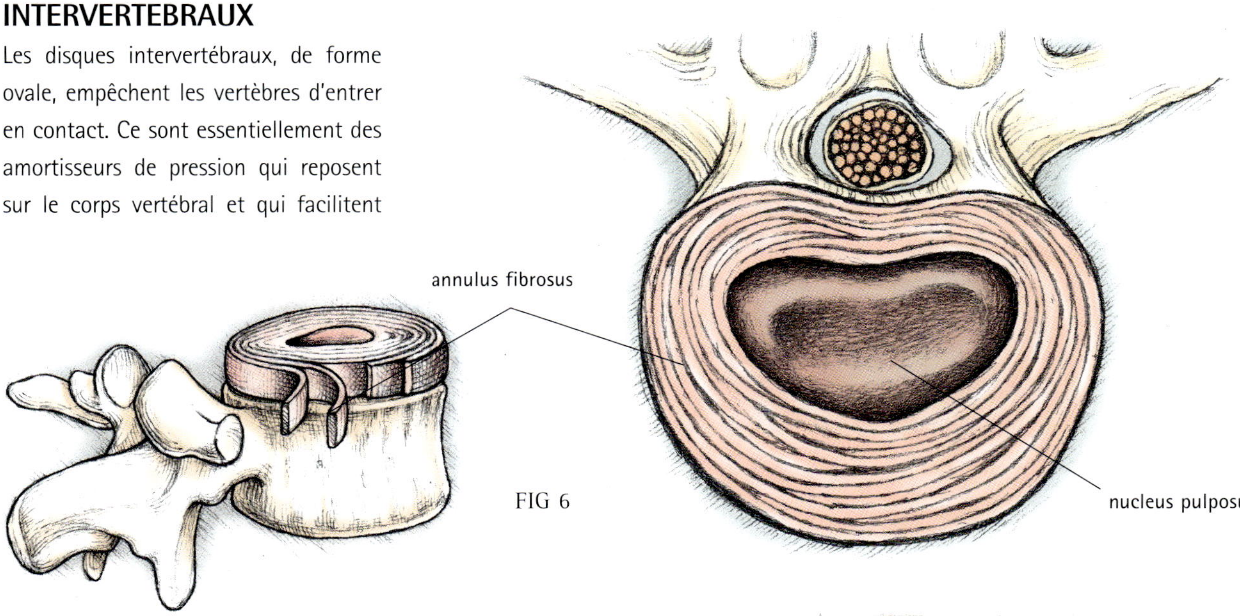

FIG 6

Chaque disque intervertébral est constitué de deux différents types de structure. Une coupe transversale d'un disque permet de distinguer une structure extérieure et une structure interne. La première, nommée *annulus fibrosus,* est un cartilage fibreux dont les lamelles concentriques entourent la structure interne. Cette dernière, appelée *nucleus pulposus,* est une structure à l'aspect gélatineux composée d'eau à 88%. Cette « gelée » est située légèrement à l'arrière du disque, si bien que l'annulus fibrosus est plus épais sur la partie antérieure. La partie la plus fragile de l'anneau est située à l'arrière, et c'est à cet endroit qu'il peut se fissurer le plus facilement.

La fonction des disques intervertébraux est d'absorber et de répartir les chocs et le poids de la partie supérieure du corps, ainsi que le surplus de poids que l'on peut être amené à porter. Lorsque le bas du dos bouge, la substance gélatineuse change de forme et, en fonction des mouvements, des zones spécifiques de l'annulus peuvent se voir soumises à de fortes pressions.

La pression que doit absorber le disque varie en fonction de sa position dans la colonne et de la position de votre dos. Des positions différentes exercent des contraintes différentes sur les disques. Le diagramme de la page suivante illustre la pression exercée sur un disque intervertébral en fonction de différentes positions. Il met en évidence que la pression est moindre en position couchée qu'en position debout, mais aussi qu'elle est moindre lorsqu'on est debout que lorsqu'on se trouve assis. Lorsqu'on se penche en avant, la pression exercée sur le disque s'accroît de façon considérable.

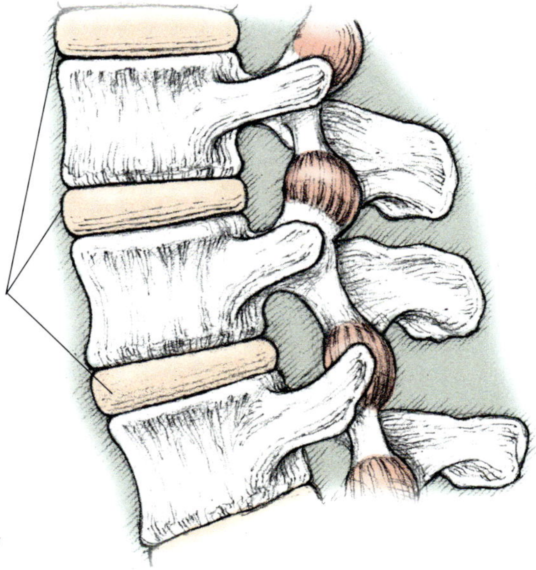

FIG 7

Durant une journée d'activité normale, le poids du corps exerce une pression sur les disques, de sorte qu'une partie de l'eau contenue dans le nucleus se dissipe et est absorbée par les structures environnantes (fig. 8) ; les disques deviennent ainsi plus minces à mesure que s'écoule la journée. Lorsque vous vous allongez et que vous supprimez la pression qui s'exerce sur les disques, la teneur en eau est rétablie. Si votre disque est abîmé, l'inflammation peut augmenter la pression interne et limiter les mouvements. C'est la raison pour laquelle vous vous sentez parfois raide le matin, et c'est aussi ce qui explique que vous soyez plus vulnérable aux lésions lorsque vous vous levez.

Le contenu aqueux du nucleus diminue avec l'âge, ce qui le rend moins élastique et plus résistant au mouvement. Du fait de cette moindre élasticité du

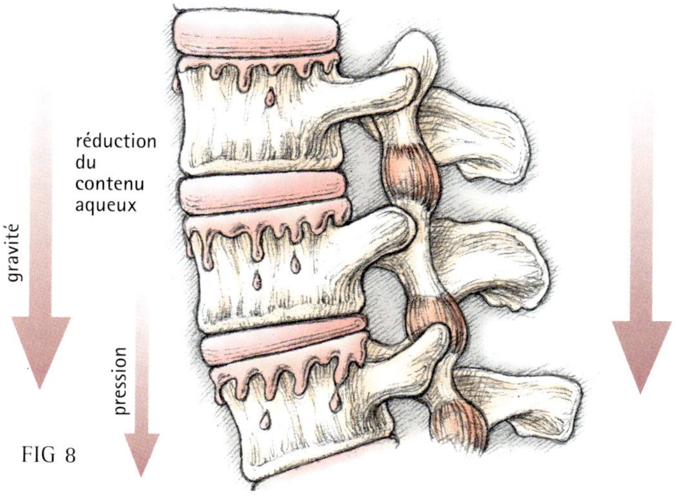

FIG 8

FIG. 9 PRESSION EXERCÉE SUR LES DISQUES INTERVERTÉBRAUX DANS DIFFÉRENTES POSITIONS

Source : Neck and Back Pain, Nachemson and Jonsson. Lippincott, Williams and Wilkin (2000).

Il est intéressant de constater que la station assise est plus contraignante pour le bas du dos que la station debout. La pression qui s'exerce sur les disques intervertébraux est par ailleurs plus importante lorsqu'on se penche en avant ; elle est plus grande encore lorsqu'on soulève un poids ou que l'on soulève un poids tout en se tournant. Ces activités sont risquées si le disque est fragilisé ou souffre d'un problème de dégénérescence

disque, d'autres structures telles que les ligaments, les muscles et les articulations, sont obligées de compenser en travaillant davantage et cet effort supplémentaire peut les endommager.

LES PROCESSUS ARTICULAIRES

La partie postérieure de chaque vertèbre présente deux paires de protubérances osseuses nommées processus articulaires. La première paire est tournée vers le haut tandis que la deuxième pointe vers le bas, de part et d'autre de la vertèbre (fig. 10.1 et 10.2). Les processus articulaires sont des structures plates qui relient les vertèbres. Chaque articulation est formée de deux processus osseux pourvus de cartilage, ce qui permet aux surfaces d'articulation de se mouvoir et de glisser (de s'articuler) l'une contre l'autre en douceur. Une capsule entoure les facettes articulaires ; à l'intérieur, le liquide synovial lubrifie et nourrit le cartilage de l'articulation (fig. 10.3).

L'angle des facettes articulaires par rapport à la colonne vertébrale varie, ce qui accroît sa capacité à réguler ou à contrôler le mouvement. Ceci est particulièrement important lorsque se produisent des mouvements vers l'avant et vers l'arrière. Lorsqu'on se penche en avant, les facettes supérieures glissent vers l'avant et s'inclinent en s'écartant des facettes inférieures et en augmentant l'interstice de l'articulation. La capsule s'étire en accompagnant l'action, tout en limitant le mouvement. Si celui-ci est exécuté à plusieurs reprises de façon incorrecte, ou s'il est extrême, la capsule peut être trop sollicitée et perdre sa capacité à contenir le mouvement.

Les processus articulaires contribuent à contrôler le mouvement.

Lorsqu'on se penche en arrière, les facettes de la vertèbre supérieure glissent contre celles de la vertèbre inférieure. La tension qui s'exerce sur les structures périarticulaires (la capsule et les ligaments) s'accroît progressivement à mesure que l'on se penche en arrière et ceci a pour effet (avec la tension accrue des disques intervertébraux) d'empêcher un mouvement trop important vers l'arrière. (Reportez-vous à l'encadré de la page suivante pour plus de détails.)

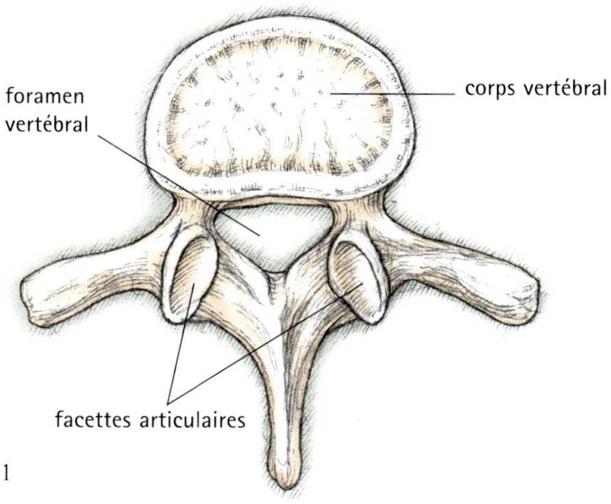

FIG 10.1

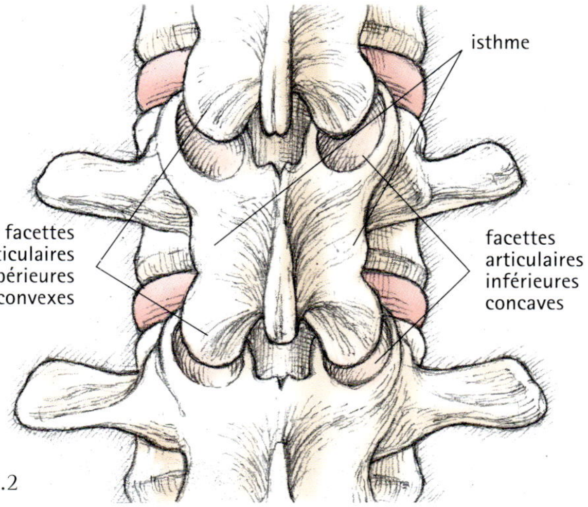

FIG 10.2

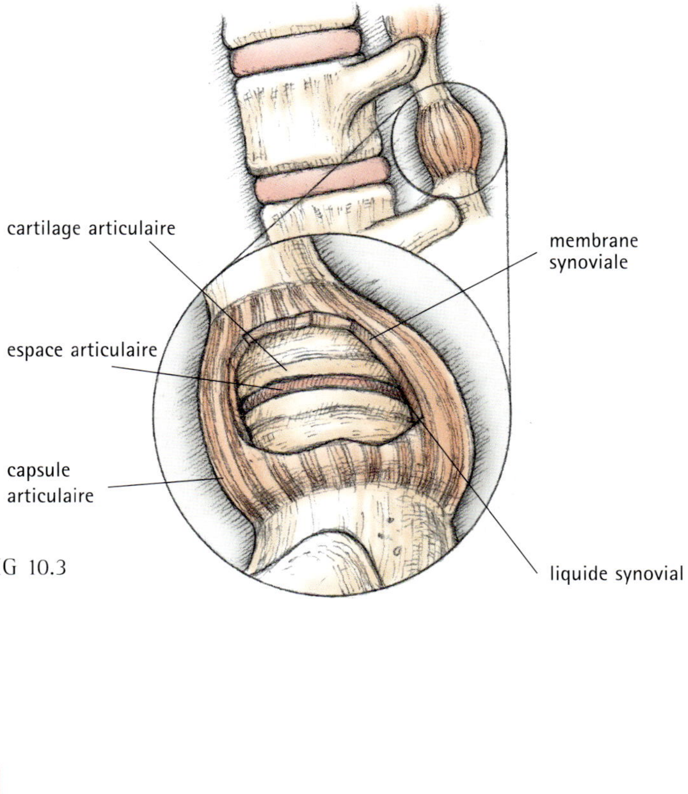

FIG 10.3

Les possibilités de mouvement

Les mouvements que peut exécuter le dos sont nombreux, plus nombreux que ceux que peuvent réaliser les autres parties du corps. Il peut se mouvoir en avant, en arrière, sur les côtés et il peut effectuer des rotations. Il est ainsi plus exposé aux lésions. Ces mouvements, lorsqu'ils sont exécutés normalement, sont indispensables à la nutrition des structures du dos et au maintien de la mobilité ; mais lorsque le dos reste longtemps dans la même position ou que les mouvements (quels qu'ils soient) sont excessifs, ses structures peuvent être endommagées.

Flexion (se pencher en avant)

Lorsque vous vous penchez en avant, le bas du dos s'aplatit et perd sa courbure normale. La substance gélatineuse du disque intervertébral est ramenée en arrière, accentuant la pression à l'arrière du disque, la partie la plus fragile de l'annulus fibrosus. La facette articulaire supérieure se déplace vers le haut et s'éloigne de la surface articulaire inférieure (fig. 11), étirant les ligaments capsulaires.

Les flexions avant répétées sont une cause fréquente de problèmes des disques intervertébraux.

Flexion latérale

La facette articulaire supérieure glisse et se comprime contre la facette articulaire inférieure du côté où le mouvement intervient. De l'autre côté, l'articulation s'ouvre et les ligaments et les muscles se tendent. Le disque intervertébral situé du côté où le mouvement est exécuté est comprimé (fig. 12). Des mouvements latéraux excessifs peuvent étirer à l'excès des structures (ligaments et muscles) situées du côté opposé au mouvement. Les facettes articulaires situées du côté du mouvement peuvent également être comprimées et endommagées.

Extension (se pencher en arrière)

Semblable à de la gelée, le nucleus des disques se déplace vers l'avant et exerce une pression sur la partie antérieure de l'annulus fibrosus, ce qui accroît la tension (voir fig. 13). Le ligament longitudinal antérieur s'étire lors de ce type de mouvement et les facettes articulaires se pressent l'une contre l'autre. Des mouvements excessifs vers l'arrière peuvent endommager les facettes articulaires en raison d'une pression trop importante.

Rotation (faire pivoter le tronc)

Les facettes articulaires, qui se rejoignent du côté où intervient la rotation et qui s'écartent du côté d'où provient le mouvement, limitent le mouvement à la fin de la rotation (fig. 14). Les ligaments situés autour du disque intervertébral contribuent également à limiter le mouvement. Un mouvement de rotation excessif peut endommager l'annulus fibrosus

FLEXION

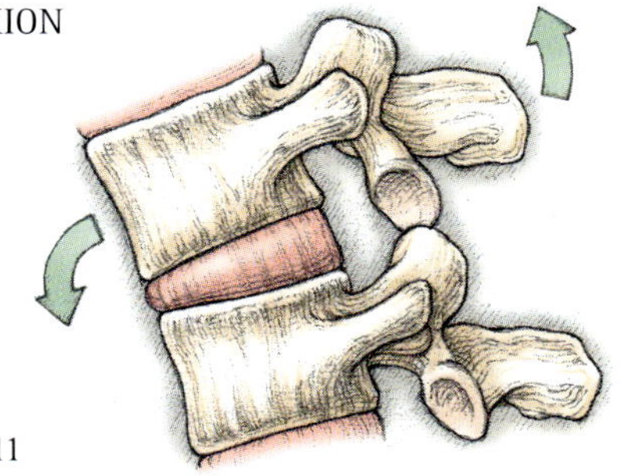

FIG 11

FLEXION LATÉRALE

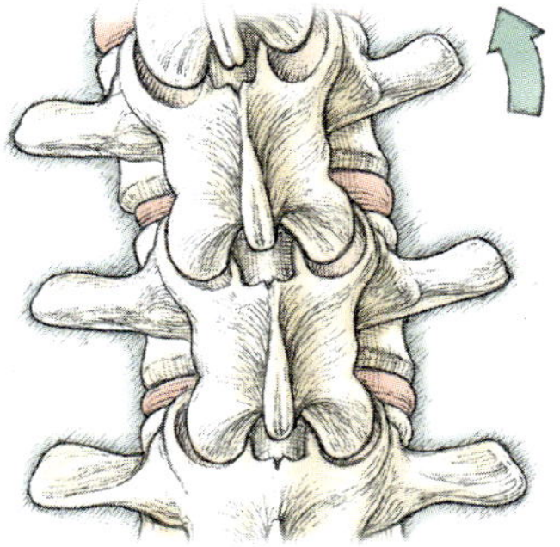

FIG 12

EXTENSION

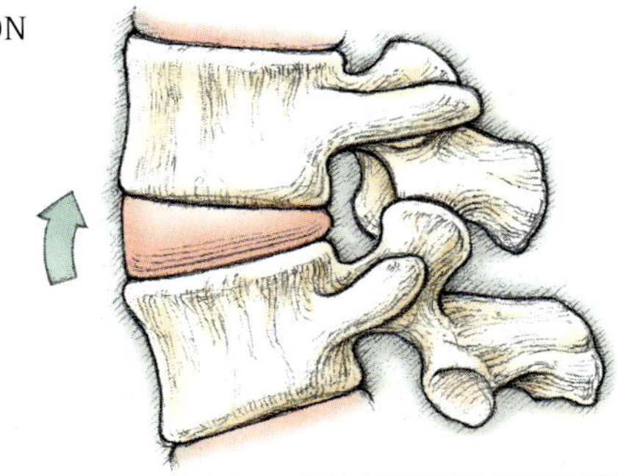

FIG 13

ROTATION

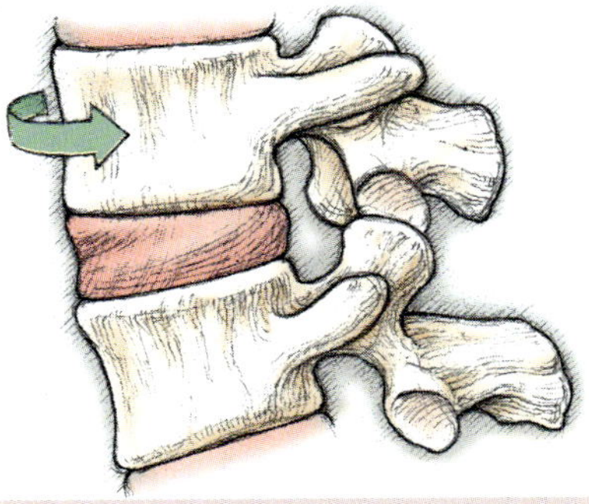

FIG 14

LES LIGAMENTS

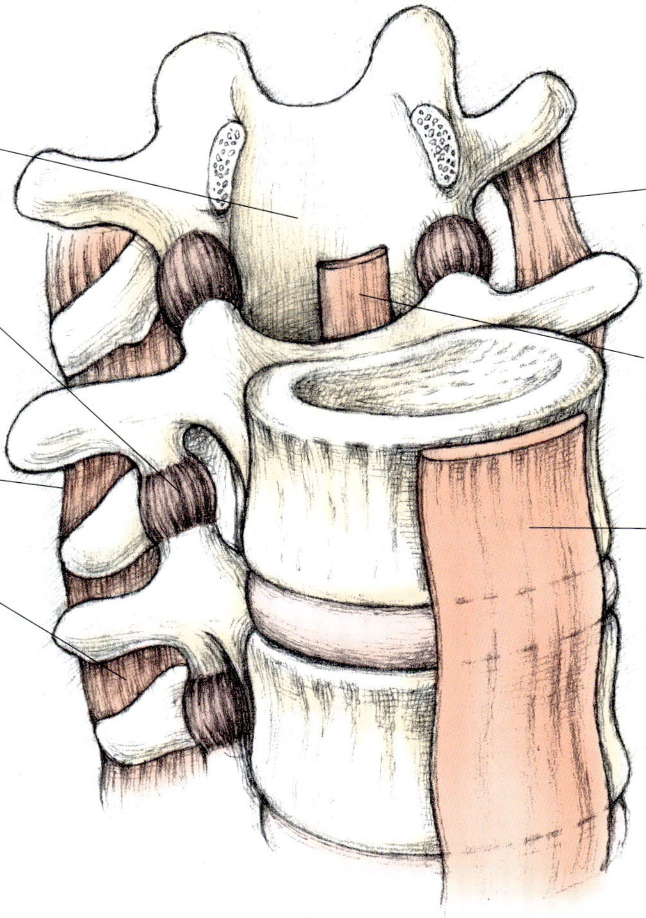

FIG 15

LES LIGAMENTS

Les ligaments sont des bandelettes fibreuses ou des tissus conjonctifs qui relient deux ou plusieurs os, cartilages ou structures. Si les ligaments ne sont pas en mesure de contrôler les mouvements, ils prennent en revanche une part importante à la limitation des mouvements excessifs lors de la flexion, de l'extension et de la rotation.

Votre dos est pourvu de six ligaments principaux associés aux disques intervertébraux et aux mouvements des facettes articulaires (fig. 15). Ces structures sont généralement divisées en deux groupes : les ligaments entre les vertèbres (l'interépineux, l'intertransversaire et le ligament jaune) et les ligaments qui concernent un groupe de vertèbres (le supra-épineux, le longitudinal antérieur et le longitudinal postérieur). Le ligament jaune, qui se trouve dans le trou vertébral, est composé d'un grand nombre de fibres élastiques qui le rendent extrêmement flexible. Avec d'autres, ce ligament joue un rôle important dans la stabilité de la colonne vertébrale, qu'elle soit en mouvement ou au repos. Mais le maintient complet de la colonne vertébrale passe nécessairement par l'intervention des muscles.

LES MUSCLES

La fonction première des larges muscles latéraux situés dans le dos (les érecteurs du rachis) est de mouvoir la colonne vertébrale. Les muscles plus petits et plus profonds qui se trouvent près de la colonne jouent, eux, un rôle important dans sa stabilisation. Il est extrêmement important de maintenir l'action stabilisatrice des muscles pour avoir un dos en bonne santé. Les personnes qui souffrent de problèmes de dos ont tendance à utiliser de manière incorrecte (voire à ne pas utiliser du tout) leurs muscles stabilisateurs.

Le groupe antéro-latéral des muscles abdominaux (y compris le muscle oblique externe et l'oblique interne, le muscle droit de l'abdomen et le transverse de l'abdomen) joue également un rôle important dans la stabilisation de la colonne. Parmi ceux-ci, le plus profond des muscles abdominaux, le transverse de l'abdomen, est peut-être le stabilisateur le plus important. Le transverse de l'abdomen se trouve sous le nombril et s'étend d'un côté à l'autre de l'abdomen (voir fig. 16.1). Le fascia thoraco-lombaire est un élément de liaison important entre le transverse de l'abdomen et la colonne vertébrale. Il s'agit d'une bandelette mince et resserrée qui s'étend sur le bas du dos et qui est rattachée au processus épineux de chaque vertèbre (voir fig. 16.2). Le transverse de l'abdomen est uni au fascia thoraco-lombaire. Lorsque vous contractez le muscle transverse de l'abdomen, il tend le fascia thoraco-lombaire et crée un effet semblable à celui d'un corset. En aidant le fascia thoraco-lombaire à maintenir la courbure normale du bas du dos, le transverse de l'abdomen a un effet stabilisateur sur le bas du dos.

Les gros muscles mobiles de la colonne vertébrale peuvent être divisés en plusieurs groupes en fonction des actions qu'ils réalisent

- **Les muscles qui se trouvent derrière la colonne vertébrale permettent d'effectuer les flexions arrière.**
- **Les muscles abdominaux et les fléchisseurs de la hanche permettent les flexions en avant.**
- **Les muscles situés sur les côtés de la colonne permettent les flexions latérales ou la rotation.**

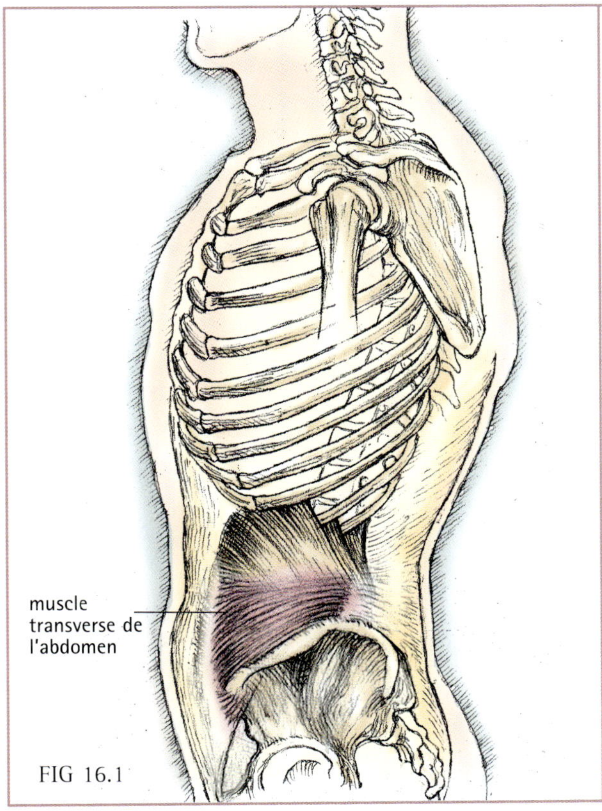

FIG 16.1

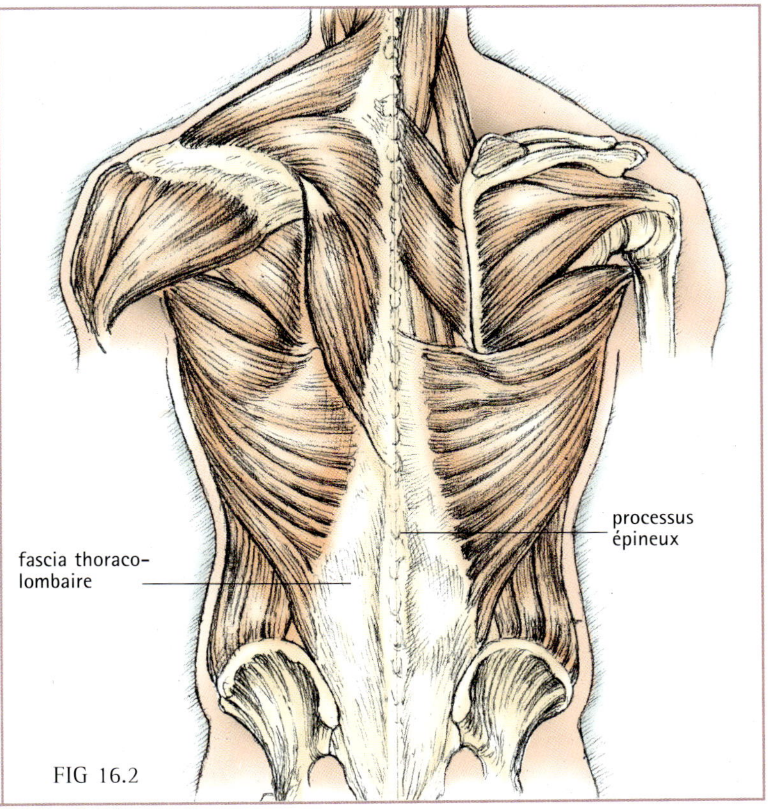

FIG 16.2

LES STRUCTURES NERVEUSES : LA MOELLE EPINIERE ET LES NERFS SPINAUX

Les nerfs véhiculent les messages du cerveau, à travers la moelle épinière, jusqu'aux différentes structures du corps. Les nerfs forment dans les structures des terminaisons nerveuses qui émettent et reçoivent les impulsions (messages) vers et depuis le cerveau. Les structures pourvues de terminaisons nerveuses peuvent ressentir la douleur, tandis que celles qui en sont privées n'y sont pas sensibles.

La moelle épinière est protégée par les vertèbres et par une « gaine » appelée dure-mère. Les nerfs spinaux (voir fig. 17), eux aussi protégés par une gaine, quittent la moelle épinière à travers le foramen intervertébral, un petit interstice entre les vertèbres. Une partie du nerf spinal revient aux vertèbres et aux structures qui les entourent ; l'autre partie s'unit pour former différents plexus, dont le plexus lombaire et le plexus sacré. Le nerf fémoral (fig. 18), qui provient du plexus lombaire, s'étend jusqu'à la cuisse et innerve la partie antérieure de la jambe, tandis que le nerf sciatique (fig. 19), qui provient du plexus sacré, descend jusqu'au pied par l'arrière de la jambe.

Les nerfs spinaux sont parfois irrités ou comprimés dans le foramen intervertébral à l'endroit où ils quittent la vertèbre. D'autres structures telles que des muscles et/ou des ligaments peuvent exercer une pression sur la gaine tout au long du trajet du nerf. La compression du nerf provoque ce que l'on appelle une douleur irradiante (par exemple, une douleur que l'on ressent dans toute la jambe dans le cas du nerf sciatique). Les douleurs nerveuses peuvent être très fortes et donner une sensation de fourmillement dans le pied. Elles peuvent également affaiblir des muscles de la jambe ou faire, par exemple, que l'on éprouve dans les deux pieds des sensations cutanées différentes. Lorsque le nerf fémoral et/ou le nerf sciatique sont touchés, ils peuvent se rétablir la plupart du temps si le problème est bien traité. Toutefois, une mesure préventive importante consiste à préserver la mobilité et la bonne santé des gaines protectrices. (Reportez-vous aux pages 44-45 ; vous y trouverez des exercices de mobilité neurale spécifiques.)

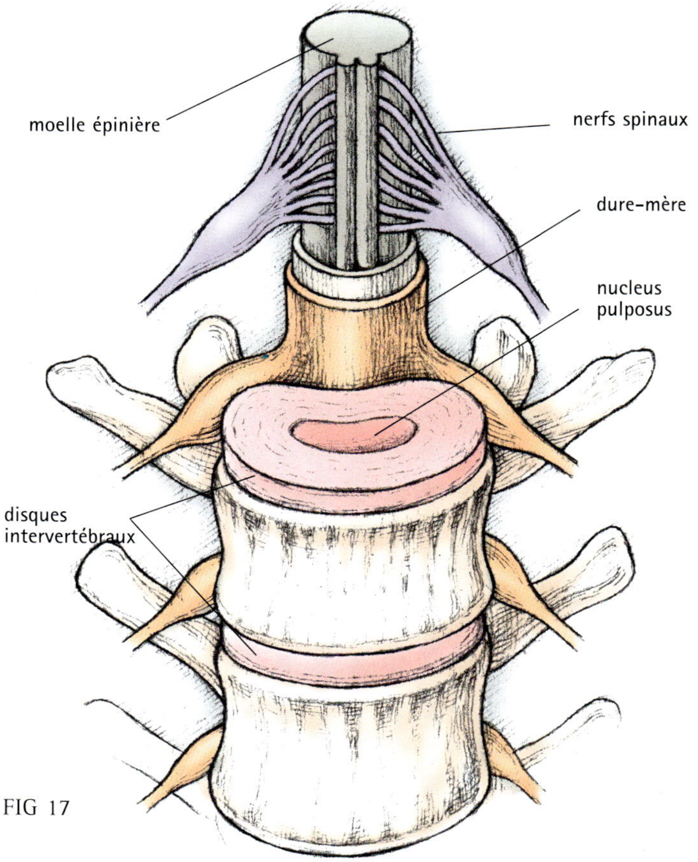

FIG 17

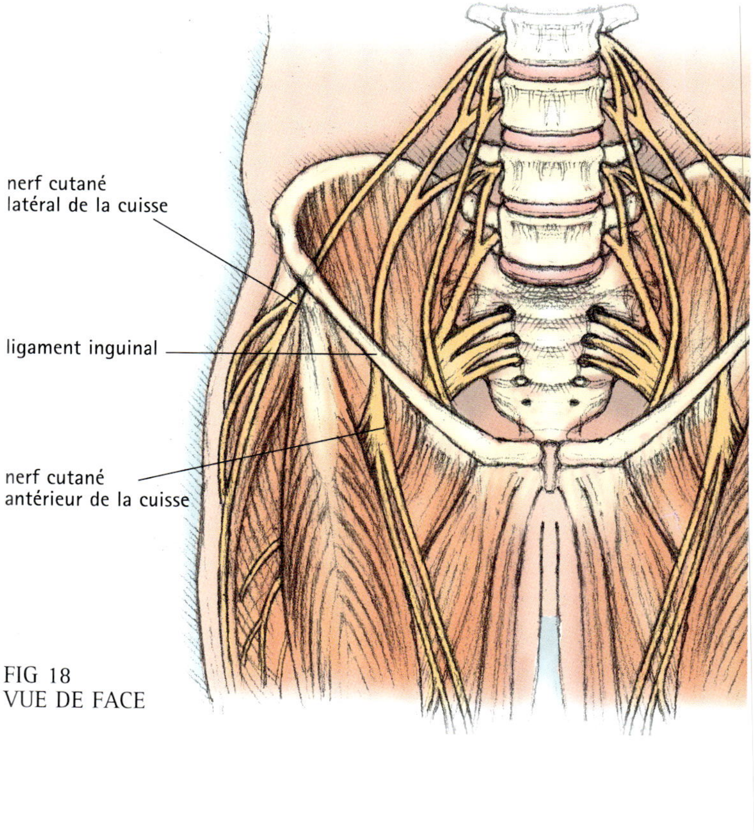

FIG 18
VUE DE FACE

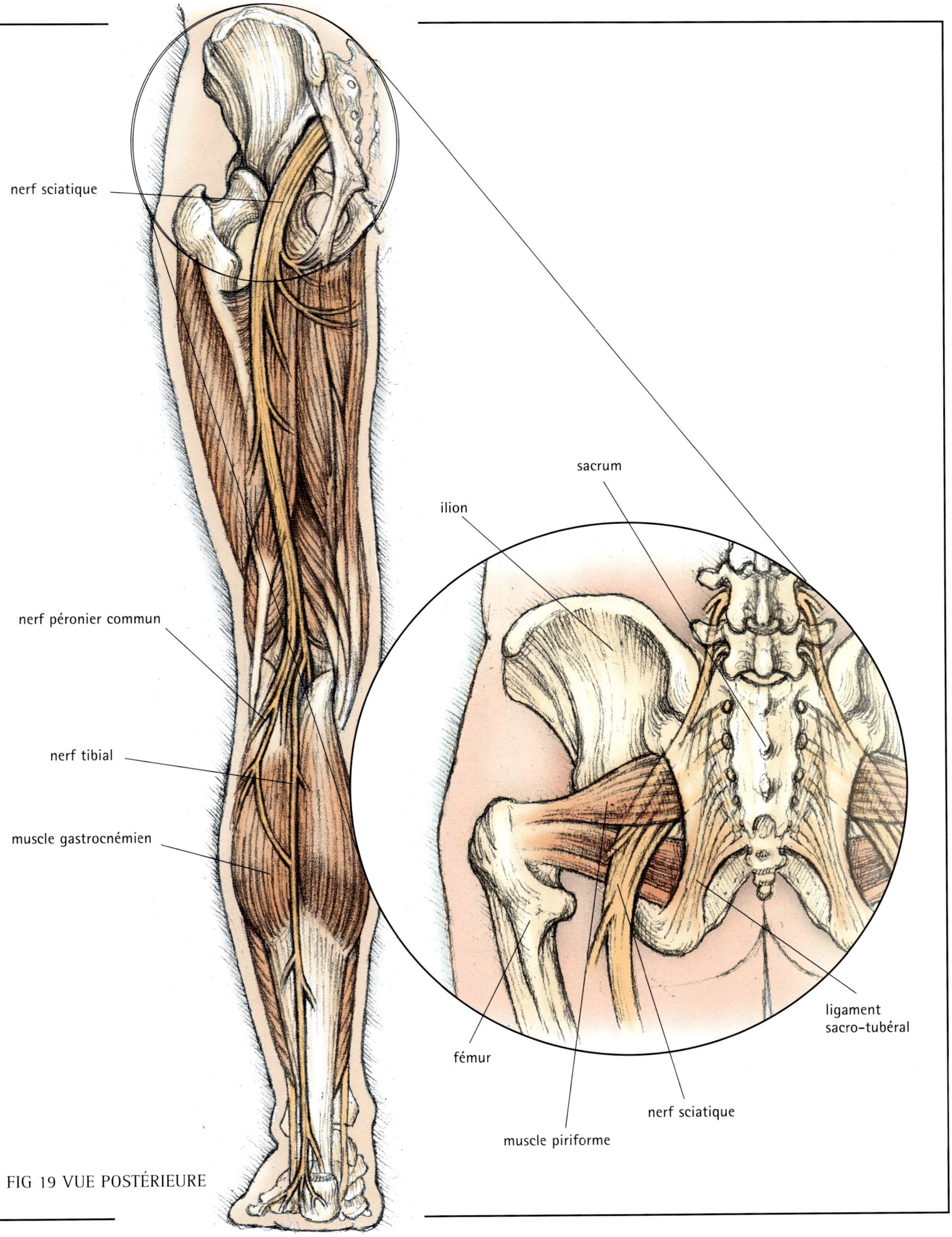

FIG 19 VUE POSTÉRIEURE

Mobilité et stabilité de la colonne vertébrale

Il est essentiel que la colonne vertébrale soit à la fois mobile et stable. En effet, si la colonne doit être mobile, elle a aussi besoin d'une bonne structure de support pour rester stable et dans une bonne position. À cet effet, la colonne est pourvue d'un système passif et d'un système actif. Le système passif est constitué par les vertèbres, les ligaments et les capsules ; le système actif regroupe pour sa part les muscles. Ces deux systèmes agissent sur la mobilité comme sur la stabilité de la colonne vertébrale.

La colonne vertébrale doit permettre la mobilité mais doit également donner de la stabilité.

Il est important de savoir que la nutrition des articulations et des disques dépend de leur mouvement. Les substances nutritives des cartilages se trouvent dans le liquide des articulations. Le mouvement ne sert ainsi pas simplement à lubrifier les surfaces articulaires ; il augmente également l'échange de fluides à l'intérieur comme à l'extérieur des articulations et leur permet d'absorber des substances nutritives et d'éliminer les déchets. Le mouvement favorise une bonne circulation sanguine autour des articulations, ce qui accroît la santé générale des structures qui les entourent. Des mouvements réguliers mais modérés sont d'une extrême importance pour préserver le fonctionnement correct de la colonne vertébrale.

LA MOBILITE

Une colonne vertébrale mobile, c'est une colonne vertébrale dont le potentiel de mouvement de chacune des parties peut être pleinement mis à profit. Ce potentiel est légèrement différent pour chacune des parties de la colonne. La zone du tronc (thoracique), par exemple, est moins mobile que celles du cou (cervicale) et du bas du dos (lombaire). Il existe par ailleurs un juste équilibre entre une mobilité normale et une trop grande mobilité (hypermobilité). Certains sportifs (souvent des gymnastes ou des danseurs) ont des problèmes d'hypermobilité dans certaines zones de leur colonne vertébrale, généralement dans le bas du dos. Cet excès de mobilité a pour conséquence que les facettes articulaires se déplacent trop et trop souvent, ce qui les expose à des efforts extrêmes et les rend plus vulnérables. Dans ce cas de figure, le système actif (les muscles stabilisateurs), trop sollicité, peut ne plus pouvoir supporter suffisamment les articulations.

Le cas de figure inverse peut également se produire : le mouvement de la colonne vertébrale peut être trop réduit ou limité. Un mouvement trop limité aura pour effet de raidir les articulations. Les articulations ainsi touchées sont dites hypomobiles. Et comme le système passif (vertèbres, capsules et ligaments) se raidit, les structures environnantes font de même et les systèmes actif et passif se trouvent affectés. Les zones hypomobiles apparaissent généralement chez des personnes dont la colonne vertébrale reste dans une position incorrecte durant de longues périodes de temps. Chaque fois que vous réalisez une activité qui vous oblige à mouvoir la colonne vertébrale jusqu'à ses limites, vous courez le risque de surcharger (de trop solliciter) les structures passives et/ou actives de la zone hypomobile. Lorsque les systèmes actif et passif sont trop raides, la pression sur les articulations augmente et ceci provoque une usure plus importante lors des mouvements. Cela peut également provoquer l'inflammation et l'irritation des articulations et des tissus mous proches de la zone concernée. Ces symptômes sont semblables à ceux que provoque l'arthrite.

La mobilité de la colonne vertébrale est donc de la plus grande importance. Une mobilité insuffisante peut-être corrigée grâce à la thérapie manuelle, mais lorsqu'elle est trop importante, elle doit être compensée par l'activité stabilisatrice des muscles. Les exercices présentés dans ce chapitre abordent ces deux problèmes.

LA STABILITE

Utiliser son corps d'une manière incorrecte ou réaliser des activités de façon inadéquate exige plus d'efforts de certaines parties de la colonne vertébrale que d'autres. Le fait de ne pas utiliser le muscle stabilisateur le plus important – le transverse de l'abdomen – permet à certaines parties de la colonne vertébrale de se mouvoir de façon trop importante. Afin d'éviter que les articulations ne soient trop mobiles, le corps doit utiliser le système actif pour soutenir la colonne vertébrale. Correctement contracté, le transverse de l'abdomen empêche le mouvement excessif et inutile de la colonne vertébrale, et en particulier du bas du dos, tandis que les bras et les jambes restent mobiles. L'efficacité des stabilisateurs peut être réduite par suite d'une mauvaise utilisation ou d'une lésion, et si la colonne vertébrale n'est pas stable lorsque les membres sont en mouvement, les membres eux-mêmes perdent de leur efficacité.

Le système passif (vertèbres, capsules et ligaments) contribue à soutenir la colonne vertébrale, mais si le système actif ne fournit pas le support principal et ne maintient pas l'alignement correct de la colonne, alors le système passif est soumis à des efforts excessifs et les articulations, les ligaments et les capsules peuvent se trouver affectés.

En effectuant des mouvements excessifs, les gymnastes soumettent parfois leurs structures passives de support à des efforts trop importants, compromettant ainsi la stabilité de leur colonne vertébrale.

MOBILISER VOTRE DOS ET LES STRUCTURES QUI LUI SONT LIEES

Une bonne nuit de sommeil fait que vous vous sentiez reposé au réveil, mais durant ces six ou huit heures, les structures de votre dos ont été au repos et sont raides. Il est donc important que vous prépariez votre dos pour les activités de la journée qui commence en mobilisant et en étirant un certain nombre de muscles importants et de structures nerveuses. Si vous souhaitez obtenir d'excellents résultats, effectuez avant de vous lever l'ensemble de ces exercices rapides, simples et efficaces ; ne vous contentez pas de n'en faire que quelques-uns.

Mobiliser le bas de votre dos

Allongez-vous sur le dos, genoux pliés et pieds posés à plat sur le lit (A). Balancez lentement vos genoux d'un côté à l'autre en faisant une brève pause à chaque fois que vos jambes atteignent le point intermédiaire. Vous devriez sentir le bas de votre dos « tirer » un peu du côté opposé à la rotation des genoux, mais vous ne devriez éprouver aucune douleur du côté vers lequel le mouvement est effectué. Répétez 5 à 10 fois cet exercice

Mobiliser les structures nerveuses et les articulations vertébrales inférieures

Restez allongé, jambes tendues. Serrez entre vos mains la partie de votre jambe gauche située juste en dessous de votre genou et ramenez-les doucement vers votre poitrine (B) aussi loin que vous le pouvez. Comptez jusqu'à cinq en maintenant cette position. Vous devriez sentir la fesse vous « tirer » un peu du côté de la jambe que vous faites travailler. Relâchez votre effort et lancez doucement votre genou vers votre poitrine, puis abaissez-le et reposez le pied sur le lit. Répétez 5 à 10 fois cet exercice puis recommencez avec la jambe droite.

Mobiliser les articulations de la région lombaire

Allongez-vous sur le dos, jambes tendues. Ramenez l'un de vos genoux vers votre poitrine (C) puis ramenez votre deuxième genou à la hauteur du premier de façon à former une « pelote » (D). Maintenez cette position le temps de compter jusqu'à cinq puis relâchez votre effort. Vous devriez avoir la sensation que les fesses « tirent » ou sentir un léger étirement dans le bas de votre dos. Cet étirement, qui peut d'abord vous sembler gênant, devrait devenir moins important à mesure que vous faites l'exercice. 5 à 10 répétitions.

C

D

Mobiliser les structures nerveuses de la colonne vertébrale

Sur le dos, les genoux ramenés vers votre poitrine (E). Maintenez-les dans cette position tout en posant votre menton sur votre poitrine (F). Cela devrait provoquer un bon étirement le long du dos. Maintenez cette position le temps de compter jusqu'à cinq puis détendez-vous. Répétez cinq fois cet exercice. Vous ne devez en aucun cas ressentir une douleur aiguë, nulle part, mais une sensation d'étirement est parfaitement normale.

E

F

Mobiliser le dos

Cet exercice a pour objectif de mobiliser le dos en l'amenant à prendre une position normale en creux grâce à l'étirement des muscles de l'abdomen.

Allongez-vous sur le ventre. Placez vos mains à la hauteur de vos épaules, comme si vous alliez faire une flexion (A). Tendez vos bras en ramenant la partie supérieure de votre corps vers le haut et en arrière (B), mais votre bassin et vos jambes doivent rester en contact avec le lit. Restez en position le temps de compter jusqu'à cinq. Cela va creuser et assouplir votre dos dans la direction inverse de l'exercice précédent. Répétez cinq fois cet exercice doucement. Si vous sentez que le mouvement est « raide », n'allez pas au-delà et ne travaillez en aucun cas jusqu'à la douleur.

A

B

Mobiliser les structures nerveuses de la jambe

Allongez-vous sur le dos, jambes tendues. Levez votre jambe gauche de manière à former un angle à 90° avec votre corps (C). Maintenez cette jambe en position en saisissant votre jambe à l'arrière du genou, puis tendez votre jambe et pliez votre pied (D) jusqu'à ce que vous éprouviez un léger « tiraillement ». Maintenez cette position le temps de compter jusqu'à cinq, puis ramenez le genou à 90°. Tendez à nouveau la jambe, comptez jusqu'à cinq et relâchez votre effort. Vous devriez sentir un étirement à l'arrière de votre jambe. Cela ne doit pas être trop douloureux ni provoquer de douleur vive dans le dos. Répétez 10 fois cet étirement et poursuivez l'exercice avec la jambe droite.

C

D

Étirer les muscles du bas de votre dos

Allongez-vous sur le dos, jambes tendues. Ramenez à l'aide de vos mains votre genou gauche vers votre poitrine (A). Tendez votre bras gauche du côté gauche et poussez votre genou vers le côté droit de votre corps en maintenant votre regard fixé sur votre main gauche (B). Ce mouvement imprimera un mouvement de rotation à votre colonne vertébrale. Maintenez cette position le temps de compter jusqu'à 20, puis détendez-vous. Répétez l'exercice à deux reprises de chaque côté. Vous sentirez un étirement dans les zones les plus raides (la partie supérieure gauche de votre dos, la partie basse, vos fesses ou même votre bras).

A

B

Étirer les muscles des fesses

Allongez-vous sur le dos, jambes tendues. Pliez légèrement votre jambe droite et placez votre main droite sur votre genou droit (A). Tout en laissant votre main à cet endroit, placez votre main gauche sur votre cheville droite et servez-vous de vos deux mains pour tirer votre cheville vers votre épaule gauche (B). Restez dans cette position le temps de compter jusqu'à 20 puis relâchez votre effort. Répétez deux fois ce mouvement vers la gauche, puis changez de jambe et ramenez votre jambe gauche vers votre épaule droite. Vous devriez sentir un « tiraillement » dans vos fesses à mesure que vous étirez le muscle piriforme, situé dans la partie profonde de la région fessière.

A

B

ACTIVER VOS STABILISATEURS

Vos stabilisateurs, ce sont essentiellement le transverse de l'abdomen, les muscles de la paroi abdominale et le fascia thoraco-lombaire. Ce système stabilisateur forme une structure semblable à un corset autour du corps qui sert à supporter la partie basse du dos. Il est important que ce système soit activé avant que ne soit réalisé le mouvement, afin que le bas du dos puisse rester stable tandis que le reste du corps est en mouvement. En évitant de mouvoir inutilement le bas de votre dos, vous protégez votre colonne vertébrale. Pourtant, peu de gens sont conscients du fait que les muscles abdominaux contribuent à stabiliser le bas du dos.

Vos muscles abdominaux supportent le bas de votre dos.

Il faut insister sur l'importance d'activer les stabilisateurs (en contractant le transverse de l'abdomen). La contraction doit toujours être douce et contrôlée (environ 20% de l'effort total du muscle) et elle doit être maintenue durant l'exécution du mouvement. Effectuez correctement (et dans l'ordre indiqué) les exercices qui suivent et essayez de les inclure dans votre planning quotidien. Avant d'entreprendre les exercices du Chapitre 3, assurez-vous que vous pouvez contracter correctement le transverse de l'abdomen

CONTRACTER LE TRANSVERSE DE L'ABDOMEN

Il se peut que vos stabilisateurs abdominaux vous semblent au début difficiles à activer, mais n'abandonnez pas sans avoir essayé à plusieurs reprises.

Placez vos genoux et vos mains par terre et cambrez votre dos (A), puis faites le dos rond en déplaçant votre bassin (B) et maintenez-le dans une position intermédiaire (C). Il s'agit d'une position neutre pour le bas de votre dos.

Tout en maintenant le bas du dos dans cette position, "relâchez" votre estomac de manière à le sentir se rapprocher du sol. Ensuite, remontez la partie inférieure de votre estomac (la zone située sous votre nombril) vers votre colonne vertébrale au moyen d'une légère contraction. Ceci aura pour effet de resserrer légèrement les muscles de la partie inférieure de votre estomac. Les muscles situés au-dessus de votre nombril ne doivent pas bouger.

QUELQUES CONSEILS

- Ne bougez pas votre dos. Restez dans une position neutre (position intermédiaire entre le dos rond et le dos cambré).
- Ne vous arrêtez pas de respirer et ne retenez pas votre souffle pour rentrer le ventre. Votre cage thoracique ne doit pas bouger.

Si vous faites l'une ou l'autre de ces choses en essayant de réaliser cette contraction, c'est que vous réalisez l'exercice de manière incorrecte. Ne passez pas aux exercices individuels avant de maîtriser cette contraction. Ne vous découragez pas : il suffit de s'entraîner un peu !

Si vous êtes parvenu à contracter vos stabilisateurs abdominaux correctement, restez dans cette position le temps de compter jusqu'à 30 puis détendez-vous. Répétez 10 fois cet exercice.

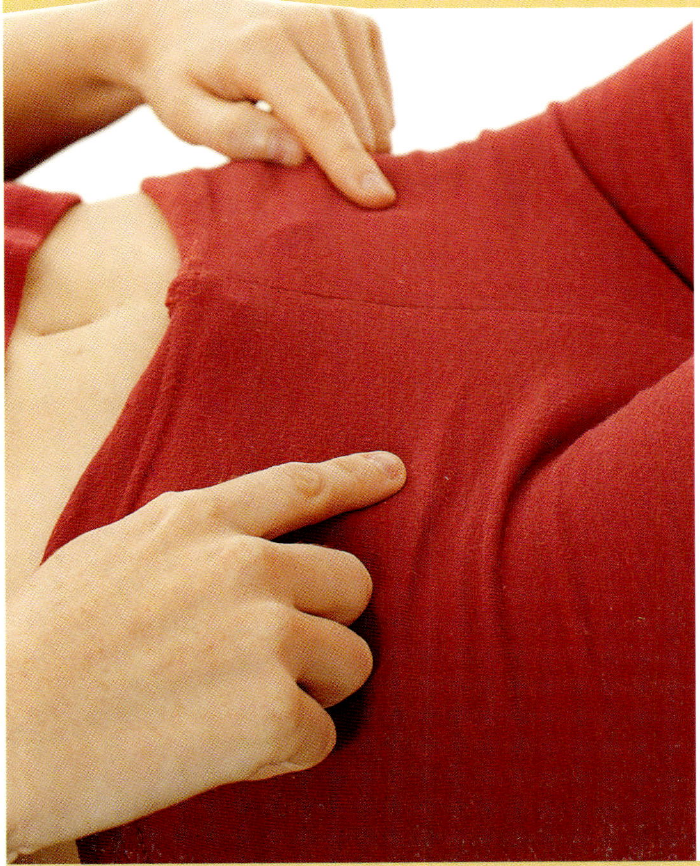

Une petite vérification

Voici un autre moyen de contracter vos stabilisateurs abdominaux. Allongez-vous sur le dos, les genoux légèrement pliés. Posez vos doigts sur vos os iliaques (voir illustration ci-contre) et faites-les glisser le long de l'os vers le milieu de votre abdomen de façon à percevoir la tension du muscle. Il devrait être détendu. Lorsque vous contractez correctement le transverse de l'abdomen, votre nombril devrait se rétracter et vous devriez sentir un léger durcissement du muscle. Si vous ne percevez rien de tout cela, reprenez la position quadrupédique et entraînez-vous de nouveau à la contraction jusqu'à ce que vous soyez certain de la maîtriser.

Stabiliser votre colonne vertébrale tout en bougeant une jambe

Allongez-vous sur le dos, les genoux légèrement pliés, et contractez le transverse de l'abdomen (disposez vos doigts sur les os iliaques tel que cela a été indiqué à la page 41 afin de vous assurer que vous le faites correctement). Lorsque vos stabilisateurs sont contractés, faites glisser votre pied gauche sur le sol jusqu'à ce que votre jambe soit tendue (A), puis ramenez-le jusqu'à la position de départ. Ce faisant, concentrez-vous sur ce que ressentent vos doigts. Les os iliaques ne devraient pas bouger du tout ; s'ils bougent, c'est que le bas de votre dos bouge également et que les stabilisateurs ne travaillent pas suffisamment (c'est-à-dire qu'ils ne sont pas correctement contractés).

Cet exercice a pour objectif d'entraîner les muscles abdominaux stabilisateurs à préserver l'immobilité de la colonne vertébrale lorsque la jambe bouge. Si vous éprouvez des difficultés à déterminer si vous effectuez correctement le mouvement, placez votre main dans votre dos et assurez-vous qu'elle ne ressent aucun mouvement durant l'exercice. Répétez l'exercice cinq fois avec chaque jambe. Vous devriez être capable de répéter 20 fois l'exercice avec chaque jambe avant de passer à l'exercice suivant.

Utiliser les stabilisateurs debout

Tenez-vous droit (B) en vous efforçant de maintenir votre corps aussi près que possible de l'alignement idéal (voir page 46). Contractez vos stabilisateurs et maintenez cette position le temps de compter jusqu'à 20 en respirant normalement. Si vous réussissez facilement et que vous êtes capable de maintenir la contraction jusqu'à 30, vous pouvez essayer de réaliser l'exercice en marchant.

Pour commencer, essayez de faire une dizaine de pas en maintenant vos stabilisateurs contractés. Si le transverse de l'abdomen est correctement contracté, le bas de votre dos ne devrait pas bouger. Essayez ensuite de marcher plusieurs minutes de la sorte. L'objectif est de faire cela à chaque fois que vous marchez, de sorte que l'activation de vos stabilisateurs fasse partie de votre vie quotidienne.

B

A

Utiliser en permanence les stabilisateurs

L'idéal est de pouvoir activer vos stabilisateurs à chaque fois que vous faites un mouvement. Par conséquent, avant chaque activité et/ou chaque exercice que vous réalisez, il est important que vous commenciez par activer vos stabilisateurs et que vous les mainteniez ensuite correctement contractés.

Lorsque vous soulevez un objet ou que vous ramassez quelque chose, ne pliez surtout pas le dos. Et pour être assuré de conserver une bonne position, vous pouvez avoir besoin de renforcer les muscles du haut des cuisses.

Commencez par poser une jambe légèrement devant l'autre (A). Maintenez votre corps dans un alignement idéal, stabilisateurs contractés. Pliez les genoux (B) puis agenouillez-vous à moitié, en posant un genou à terre et en pliant l'autre à 90° (C). Relevez-vous et relâchez vos stabilisateurs. Répétez cinq fois cet exercice puis recommencez en changeant de jambe.

Si vous avez du mal à réaliser cette suite de mouvements, vous pouvez commencer en prenant appui sur une chaise. Effectuez cet exercice quotidiennement et vous serez bientôt en mesure de le faire sans aucun appui. L'attitude acquise au moyen de cet exercice devrait devenir automatique à chaque fois que vous avez un poids à porter.

ILS NE S'USENT QUE SI L'ON NE S'EN SERT PAS...

- Les personnes qui ont des problèmes liés au bas du dos n'utilisent pas correctement leurs stabilisateurs.
- Vous devez utiliser correctement vos stabilisateurs pour qu'ils supportent efficacement le bas de votre dos.
- Vos stabilisateurs abdominaux doivent être sollicités durant vos activités quotidiennes pour être véritablement utiles.
- Une utilisation correcte de vos stabilisateurs vous aidera à maintenir une bonne position et un alignement idéal.

AMELIORER LA MOBILITE NEURALE

Nos structures nerveuses doivent rester mobiles ; ce n'est qu'à cette condition qu'elles permettent aux muscles de fonctionner efficacement. Les exercices de mobilité neurale ne constituent pas une pratique courante, ce qui est regrettable car ils sont extrêmement importants pour chacun d'entre nous. Les sportifs, en particulier, tireront profit d'une meilleure mobilité neurale, mais ces exercices pourront également servir à tout un chacun pour se remettre après une opération du dos (dans ce cas, cependant, ne réalisez pas ces exercices sans avoir consulté votre médecin ou votre thérapeute au préalable).

Les exercices qui suivent sont des mouvements, et non des étirements. L'objectif est de mouvoir une partie de votre corps afin de produire un mouvement doux et glissant du nerf. Vous devriez ressentir un " tiraillement " dans la zone que vous travaillez. Si vous sentez un " fourmillement " persistant ou de la douleur pendant (ou après) l'un de ces exercices, consultez un thérapeute manuel.

Exercices de mobilité du bras

Exercice 1

Tenez-vous droit, les pieds légèrement écartés, et les bras tendus le long du corps. Votre poignet droit est plié vers l'extérieur (A). Sans bouger le reste de votre corps, abaissez votre main droite vers le sol (B). Vous devriez sentir un "tiraillement" dans votre épaule ou le long du bras. Revenez à la position de départ, répétez l'exercice à dix reprises puis recommencez avec le bras gauche.

A B

Exercice 2

Placez-vous dans l'encadrement d'une porte et posez vos mains sur le châssis de chaque côté. Faites un pas en avant (C) jusqu'à ce que vous éprouviez un "tiraillement" dans l'épaule ou le bras. Reprenez la position initiale et répétez cinq fois ce mouvement (et à cinq reprises dans la journée pour obtenir de meilleurs résultats).

C

Exercice 3

Tenez-vous droit et tendez votre bras droit sur le côté, le poignet plié. Relevez votre bras gauche et pliez-le de sorte que votre main gauche puisse s'appuyer contre votre tête (D) en pliant le poignet vers le bas à la hauteur de votre oreille. Restez dans cette position le temps de compter jusqu'à cinq, puis répétez ce mouvement en changeant de bras. Effectuez ce mouvement à dix reprises en changeant de bras.

D

Exercices de mobilité de la jambe

Allongez-vous sur le dos et étendez la jambe droite. Levez votre jambe gauche et pliez-la à 90°. Placez vos mains derrière votre genou et tirez doucement votre jambe vers votre poitrine (E). Tendez ensuite votre jambe jusqu'à ce que vous éprouviez un "tiraillement" (F) puis relâchez votre effort. Tendez de nouveau votre genou gauche, fléchissez le pied vers le haut et vers le bas (G) puis relâchez votre effort. Répétez 10 fois cet enchaînement et recommencez l'exercice avec la jambe droite.

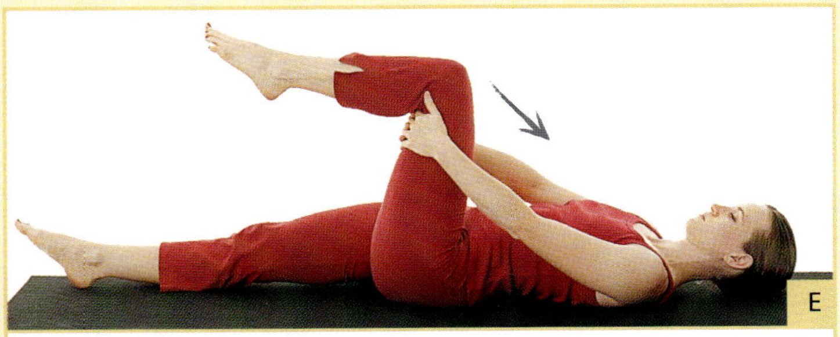
E

F

G

Exercices de mobilité neurale pour le corps tout entier

(Remarque : cet exercice doit être réalisé avec la plus grande précaution, et uniquement si vous jugez ces exercices de mobilité neurale du bras et de la jambe raisonnablement faciles.)

Asseyez-vous et étirez les jambes devant vous (H). Vous pouvez aussi, si vous le désirez, appuyer vos pieds contre un mur. Baissez votre tête et faites le dos rond tant que cela vous semble confortable (I). Gardez les genoux bien droits et pliez votre cou plus en avant à mesure que vous courbez le dos. Vous devriez ressentir une sensation de "tiraillement" à l'arrière de vos jambes mais elle ne doit pas être gênante. Revenez à la position de départ et répétez cinq fois l'exercice.

H

I

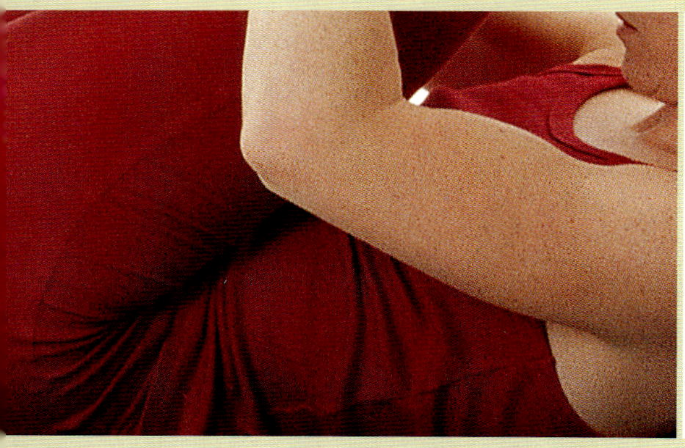

Analyse des positions

Votre position décrit la façon dont vous « portez » votre propre poids. Chacun d'entre nous a des caractéristiques qui lui sont propres et une façon unique de se tenir. Chaque position affecte différentes structures du dos d'une certaine manière et certaines de ces structures peuvent provoquer des problèmes de dos. On peut identifier facilement plusieurs types de positions, et bien qu'il soit parfois impossible de corriger complètement les problèmes posturaux, vous pouvez essayer d'améliorer votre position en réalisant vos activités correctement et en effectuant chaque jour quelques exercices très simples.

L'ALIGNEMENT IDEAL

Si vous regarder le corps de profil, vous pouvez vous représenter un fil à plomb (une ligne verticale) qui passe par certaines parties du corps et qui permet de déterminer l'alignement idéal (voir fig. 1). Pour un alignement idéal, cette ligne devrait :

- passer par l'oreille,
- passer par le milieu du cou,
- passer par le milieu de la taille,
- passer légèrement à l'arrière du milieu de l'articulation de la hanche,
- passer légèrement à l'avant du milieu de l'articulation du genou,
- passer juste devant l'articulation de la cheville

Lorsque le corps est vu de dos, ce « fil à plomb » doit traverser la tête, le milieu de la colonne vertébrale (de haut en bas), le milieu de la ceinture pelvienne, pour s'achever entre les pieds (voir fig. 2). Cet alignement permet une répartition du poids équilibrée. Si la ligne ne passe pas par certaines des structures que nous venons de mentionner, cela indique que

L'ALIGNEMENT IDÉAL (VUE DE PROFIL)

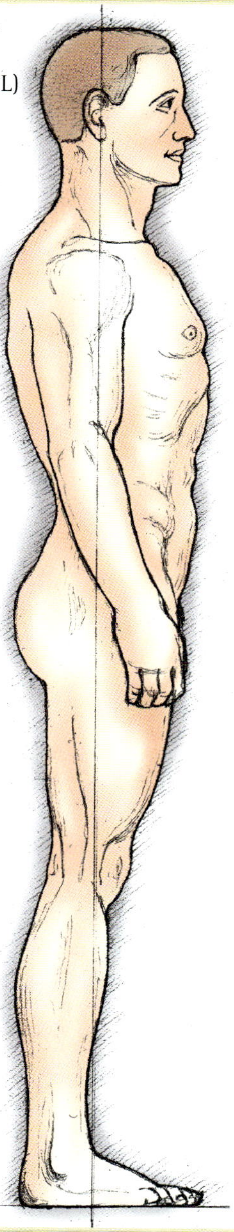

FIG 1

la position n'est pas correcte. Une « mauvaise » position survient du fait que la ligne de gravité ne traverse pas le centre des articulations. Cela témoigne :

- d'une activité excessive des muscles environnants pour équilibrer l'articulation en fonction des forces gravitationnelles,
- d'un effort excessif des tissus mous de l'articulation,
- d'une compression excessive du cartilage dans cette articulation.

Les parties de la colonne vertébrale qui se révèlent souvent problématiques sont les « zones de transition », c'est-à-dire les parties où la courbure naturelle en forme de « S » change de direction (voir fig. 3). Il s'agit de la zone où le cou rejoint la base du crâne (articulation atlanto-occipitale), de celle où le cou rejoint le thorax (niveau cervico-dorsal), de celle où le thorax devient le bas du dos (niveau dorso-lombaire), ainsi que de la zone où la colonne rejoint le pelvis (niveau lombo-sacré). À ces endroits, la courbure est accentuée, ce qui accroît la contrainte qui s'exerce sur les structures environnantes.

L'ALIGNEMENT IDÉAL (VUE DE DOS)

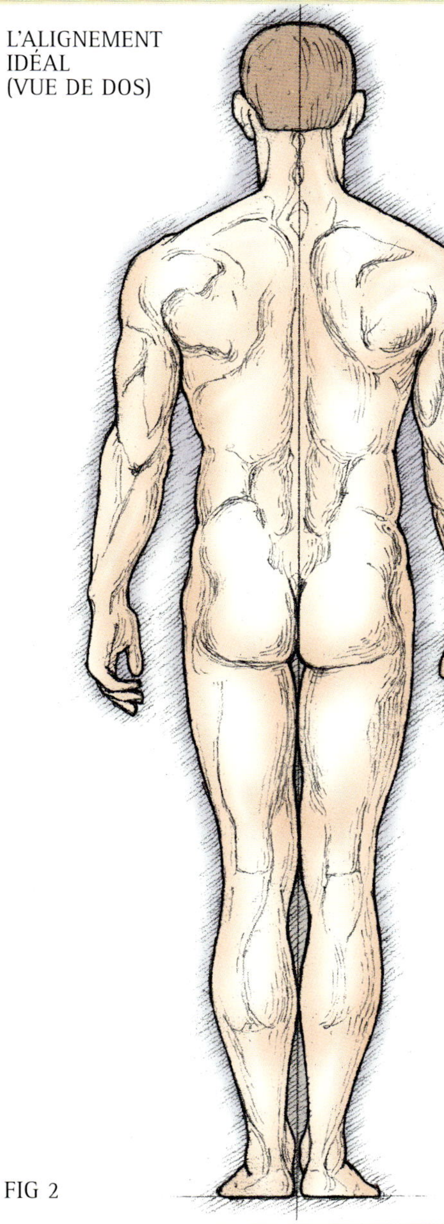

FIG 2

ZONES DE TRANSITION

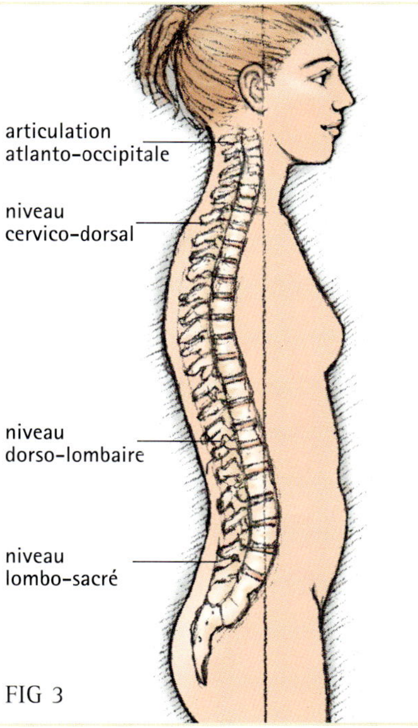

FIG 3

PROBLEMES DE POSITION FREQUENTS

Maintenant que vous vous êtes familiarisé avec l'alignement idéal, vous devez être en mesure de distinguer en quoi les « mauvaises » positions qui suivent, très courantes, diffèrent de l'alignement idéal. Cette information devrait vous aider à déterminer si vous avez un problème postural. Si vous n'avez jamais eu de problèmes de dos mais que vous constatez que vous avez un léger problème d'alignement, nous vous recommandons de prendre note des structures qui pourraient plus tard vous poser un problème et de travailler à améliorer votre position. Utilisez pour ce faire les exercices indiqués aux pages 50-51.

En corrigeant votre position, vous éviterez de solliciter

excessivement votre colonne vertébrale et vous préviendrez les problèmes de dos. Si votre problème postural est très important, vous devriez consulter un thérapeute manuel qui évaluera votre position et qui pourra vous prescrire un programme d'exercices adapté à vos besoins.

Hypercyphose et hyperlordose

Cette position soumet à des efforts importants le bas du dos (en raison du creux accentué de cette zone) et la partie supérieure du dos (du fait de la courbure accentuée). La tension qui s'exerce sur les « zones de transitions » fait que certaines structures se raidissent et que d'autres se contractent, et affecte le fonctionnement correct des articulations et des muscles.

Du fait de la courbure excessive de la colonne vertébrale, le « fil à plomb » ne suit plus l'alignement idéal (voir fig. 4). La tête étant plus avancée, cette ligne passe derrière l'oreille. Elle passe également à l'arrière du cou et du bas du dos parce que la courbure est accentuée à ces endroits. Enfin, comme le dos est arrondi, la ligne ne passe plus à travers l'épaule mais devant elle, et comme le bassin est ramené vers l'arrière, la ligne passe à l'arrière de la hanche et du genou et devant la cheville. (Pour les zones affectées, reportez-vous au tableau des pages 50-51.)

Dos plat

Bien que nombre de personnes s'imaginent qu'un dos bien droit témoigne d'une bonne position, cela n'est pas toujours vrai. Dans cette position, les courbures normales de la colonne vertébrale sont insuffisantes, ce qui soumet le dos à des efforts supplémentaires. Les hanches sont ramenées en avant, le bassin est tiré vers l'avant et les genoux sont pliés plus en arrière que la normale, et tout ceci soumet ces articulations à des efforts plus importants (voir fig. 5). (Pour les zones affectées, reportez-vous au tableau des pages 50-51.)

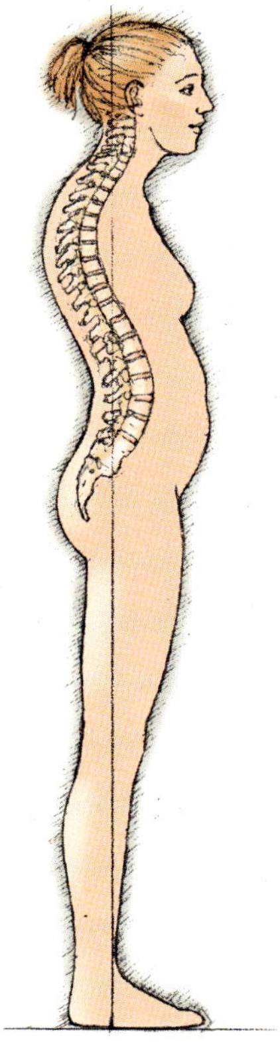

FIG 4 : HYPERCYPHOSE ET HYPERLORDOSE

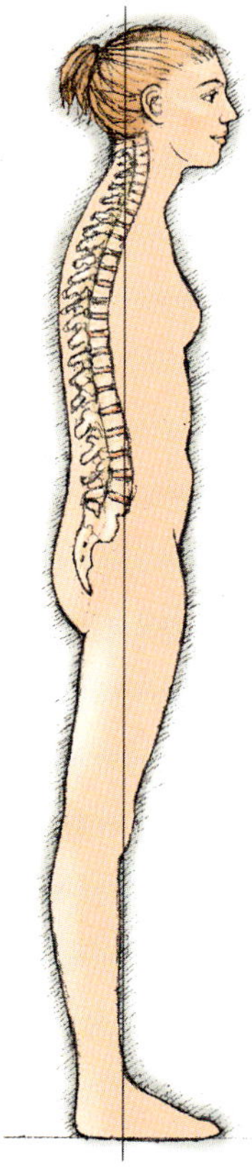

FIG 5 : DOS PLAT

LES TALONS HAUTS

Lorsque vous portez des talons hauts, votre centre de gravité se trouve modifié. En temps normal, il devrait se trouver juste devant votre cheville; mais avec des talons hauts, il est déplacé vers l'avant. Pour conserver l'équilibre, vous cambrez davantage le dos pour ne pas tomber en avant, et cette position de votre colonne vertébrale sollicite de façon excessive les articulations.

Dos rond

Dans cette position, la tête est encore plus en avant que dans la position précédente (voir fig. 6). La zone du tronc est arrondie vers l'arrière, le bas du dos est légèrement arrondi au lieu d'être creux et les hanches sont bien plus avancées que dans l'alignement idéal, ce qui ramène les genoux en arrière pour rétablir l'équilibre. Avec les hanches avancées et le dos formant un angle, les personnes ayant ce type de position peuvent sembler pencher en permanence vers l'arrière. (Pour les zones affectées, reportez-vous au tableau des pages 50-51.)

DOS ROND

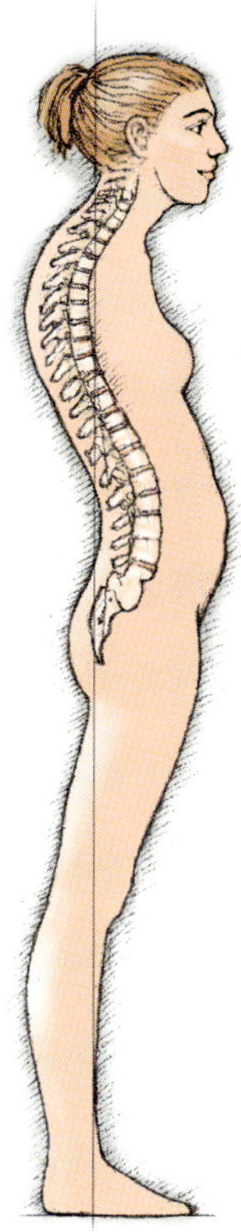

FIG 6

Scoliose

La scoliose de la colonne vertébrale est une déviation latérale en forme de « S » facilement identifiable lorsqu'on voit la personne de dos. Contrairement aux autres alignements posturaux, la scoliose peut être due à une malformation congénitale ; toutefois, elle peut aussi être la conséquence de mauvaises habitudes prolongées (par exemple, le port d'un cartable sur une seule épaule ou une mauvaise position debout). La déviation de la scoliose peut aussi bien apparaître à gauche comme à droite (la figure 7 illustre une déviation à gauche) et peut se produire à n'importe quel endroit de la colonne vertébrale. Elle affecte cependant généralement plus d'un endroit : par exemple, si une première déviation (à gauche) affecte le bas du dos, une seconde déviation apparaît plus haut pour la compenser. En fait, le reste du corps s'adapte pour restaurer l'équilibre : la tête s'incline légèrement vers la droite, l'épaule droite descend tandis que la gauche remonte légèrement et le bassin s'abaisse du côté gauche et reste plus haut du côté droit.

Bien que les vertèbres et les disques intervertébraux puissent parfois être affectés, les personnes souffrant de scoliose n'éprouvent souvent aucune douleur dans les zones affectées. Le problème se pose généralement dans les zones qui sont contraintes de compenser : douleurs dans le cou, près des omoplates, dans le dos à la hauteur de la taille et dans le bas du dos. La thérapie manuelle peut aider à soulager la douleur ressentie dans certains cas extrêmes. Il est important de noter que certaines formes de scoliose d'origine génétique ne peuvent pas être corrigées ; dans ces cas, l'articulation doit simplement rester mobile et les muscles doivent être suffisamment forts pour protéger le dos.

SCOLIOSE

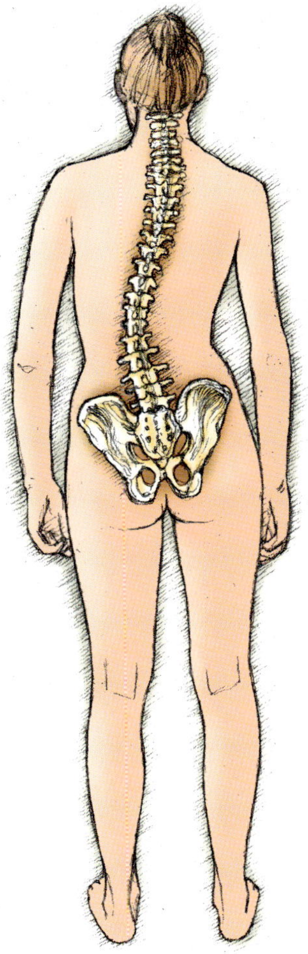

FIG 7

TYPE DE POSTURE	ZONES À RENFORCER	EXERCICES UTILES
1. Hypercyphose et hyperlordose	• Muscles antérieurs du cou • Muscles stabilisateurs de l'omoplate • Muscles du haut du dos • Muscles abdominaux • Muscles fessiers • Les ischio-jambiers	Exercice 5 Exercice 7 Exercice 4.1 Exercice 1(tous) Exercice 6 Exercice 2
2. Dos plat	• Muscles antérieurs du cou • Muscles stabilisateurs de l'omoplate • Muscles abdominaux • Le quadriceps (muscle de la partie antérieure de la cuisse) • Les fléchisseurs de la hanche	Exercice 5 Exercice 7 Exercice 1 Exercice 3 Exercice 3.2
3. Dos rond	• Muscles antérieurs du cou • Muscles stabilisateurs de l'omoplate • Muscles du bas du dos • Muscles abdominaux • Le quadriceps • Les fléchisseurs de la hanche	Exercice 5 Exercice 7 Exercice 4.2 Exercice 1 Exercice 3 Exercice 3.2
4. Scoliose (déviation à gauche)	• Muscles de la partie gauche du tronc • Les abducteurs de la hanche droite (servant à lever la jambe droite vers l'extérieur) • Les adducteurs gauche (muscles internes de la cuisse)	**Remarque :** La scoliose étant un problème postural complexe et ses caractéristiques pouvant varier d'une personne à l'autre, il est préférable de s'adresser à un thérapeute manuel qui concevra un programme spécifique adapté à vos besoins.

ZONES CONTRACTÉES	EXERCICES UTILES	
• Muscles postérieurs du cou • Les pectoraux et la zone antérieure de l'épaule • Muscles du bas du dos • Les fléchisseurs de la hanche	Exercice 12 Exercice 11.1 Exercice 11 Exercice 8	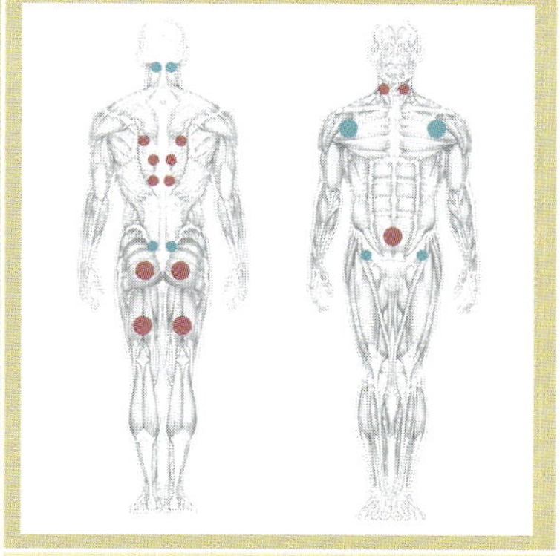
• Muscles postérieurs du cou • Les pectoraux et la zone antérieure de l'épaule • Muscles fessiers • Les ischio-jambiers	Exercice 12 Exercice 11.1 Exercice 10 Exercice 9	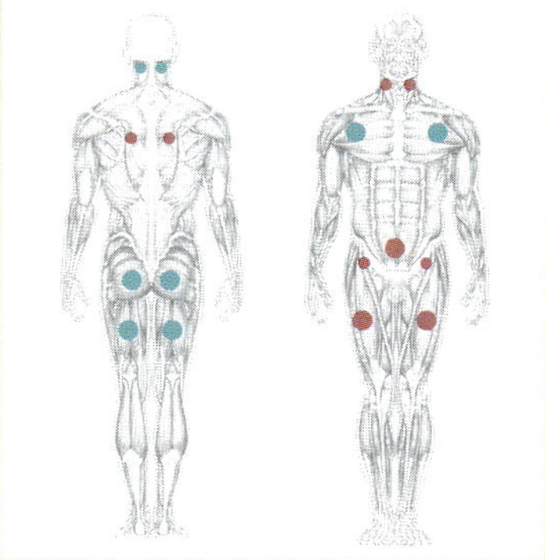
• Muscles postérieurs du cou • Les pectoraux et la zone antérieure de l'épaule • Muscles fessiers • Les ischio-jambiers	Exercice 12 Exercice 11.1 Exercice 10 Exercice 9	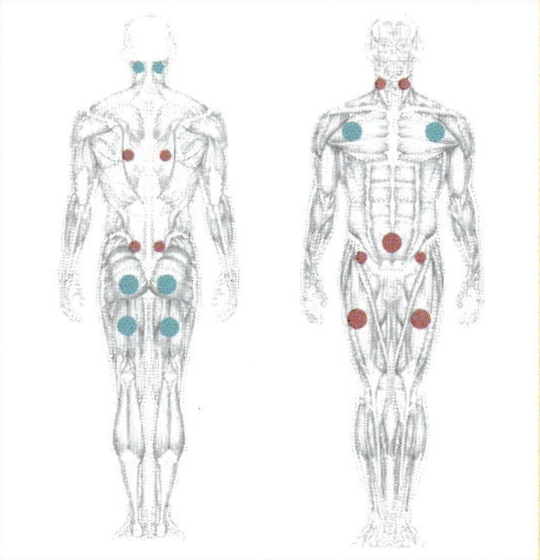
• Muscles de la partie droite du tronc • Les abducteurs de la hanche (gauche) servant à lever la jambe gauche vers l'extérieur • Les adducteurs droite (muscles internes de la cuisse)	**Remarque :** La scoliose étant un problème postural complexe et ses caractéristiques pouvant varier d'une personne à l'autre, il est préférable de s'adresser à un thérapeute manuel qui concevra un programme spécifique adapté à vos besoins.	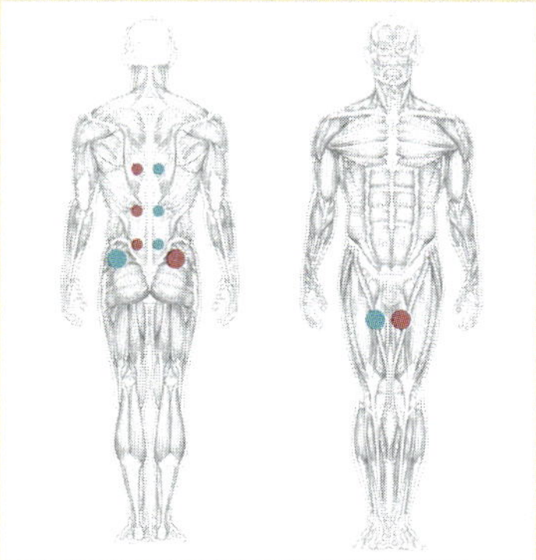

EXERCICES DESTINES A AMELIORER LA POSTURE

Comme nous venons de le voir, certaines positions provoquent des faiblesses dans certaines structures et des contractions dans d'autres. Si vous ne faites rien pour corriger cela, vous souffrirez inévitablement de problèmes de dos. Quelques exercices très simples vous aideront à renforcer et/ou à assouplir les muscles et ligaments concernés. Pour savoir quels exercices vous seront utiles, reportez-vous aux informations que nous avons présentées dans ce chapitre ; vous pourrez ainsi identifier votre type de posture ainsi que les structures susceptibles d'être affectées. Consultez le tableau des pages 50-51 pour identifier les exercices qui vous permettront de compenser les effets de votre posture. Ces exercices sont décrits brièvement ci-dessous ; en les réalisant de façon régulière, vous serez moins enclin à développer des problèmes de dos.

1. Renforcer les muscles abdominaux

Le transverse de l'abdomen est le muscle stabilisateur le plus important du bas du dos ; ce devrait être le premier muscle à se contracter avant tout mouvement et le dernier à se relâcher. Malheureusement, nous n'en sommes généralement pas conscients et nous négligeons le plus souvent de l'utiliser et de le renforcer. Quelques exercices importants conçus dans ce but ont déjà été proposés dans le Chapitre 3, mais les exercices qui suivent sont plus spécifiquement liés à la posture et vous aideront aussi à cet égard.

Exercice 1.1

Placez vos genoux et vos mains par terre et cambrez votre dos, puis faites le dos rond et maintenez-le dans une position intermédiaire et neutre. Conservez cette position tout au long de l'exercice et souvenez-vous de contracter vos stabilisateurs abdominaux avant de commencer chaque mouvement.

D

Tout en maintenant votre cou en ligne par rapport à votre colonne vertébrale, levez votre bras gauche, tendez-le devant vous (A) et reposez-le dans la position de départ. Répétez cet exercice à 10 reprises puis recommencez avec le bras droit.

Levez ensuite la jambe droite, tendez-la (B) puis replacez-la dans la position de départ. Répétez cet exercice à 10 reprises puis recommencez avec la jambe gauche.

Maintenez toujours votre cou en ligne par rapport à votre colonne vertébrale et touchez votre genou droit avec votre main gauche (C) puis reprenez votre position de départ. Répétez 10 fois cet exercice.

Assurez-vous que vous maintenez une position neutre, puis levez et tendez simultanément votre bras gauche et votre jambe droite (D). Conservez cette position le temps de compter jusqu'à cinq puis reprenez votre position de départ. Répétez cet exercice à 10 reprises puis recommencez avec le bras droit et la jambe gauche.

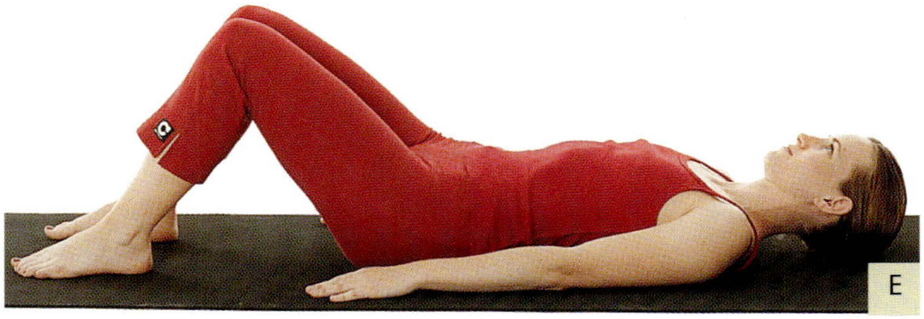

E

Exercice 1.2

Allongez-vous sur le dos en pliant légèrement les genoux et en posant vos pieds sur le sol (E). Trouvez une position neutre en creusant et en arrondissant votre dos puis en restant dans une position intermédiaire. Conservez cette position tout au long de l'exercice et veillez à contracter correctement vos stabilisateurs abdominaux.

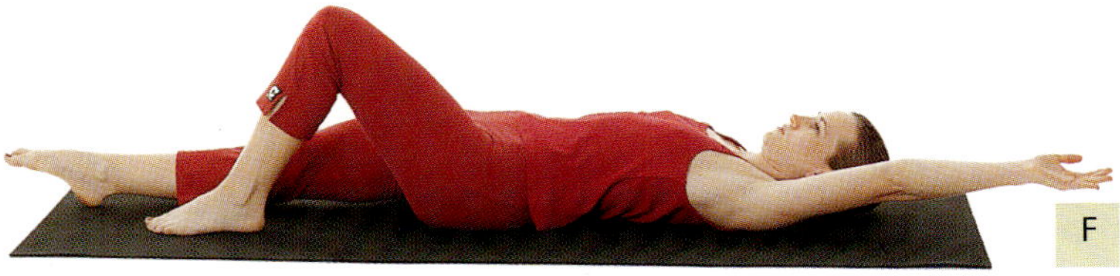

F

Levez votre bras gauche et tendez-le en arrière tout en étirant votre jambe droite (F). Maintenez cette position le temps de compter jusqu'à cinq puis ramenez votre bras et votre jambe dans la position de départ. Répétez l'exercice à 10 reprises. Tout au long de cet exercice, le bas du dos ne devrait pas bouger.

Maintenant, levez votre bras droit et tendez simultanément votre jambe gauche (G). Maintenez cette position le temps de compter jusqu'à cinq puis revenez à la position de départ. Cet exercice simule le mouvement de la marche et vous prépare à veiller au bas de votre dos même lorsque vous marchez.

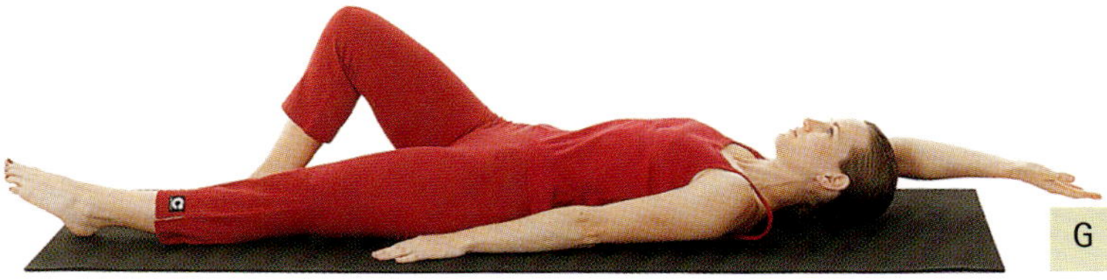

G

Exercice 1.3

Allongez-vous sur le dos, pliez légèrement les genoux, écartez un peu les pieds et soulevez vos hanches tout en laissant vos épaules et votre tête en contact avec le tapis (A). Contractez vos muscles abdominaux et restez dans cette position. Telle est la position de départ de la prochaine série d'exercices.

Levez votre genou gauche et ramenez-le légèrement vers votre poitrine pour former un angle à 90° (B). Maintenez cette position le temps de compter jusqu'à cinq et replacez-vous dans la position de départ. Répétez 10 fois cet exercice et recommencez avec la jambe droite.

Tendez la jambe gauche (C), comptez jusqu'à cinq puis ramenez-la dans la position de départ. Vous devez garder votre équilibre et maintenir vos muscles abdominaux contractés. Le bas de votre dos ne devrait pas bouger du tout. Répétez 10 fois cet exercice et recommencez avec la jambe droite.

Exercice 1.4

Allongez-vous sur le côté gauche. Votre tête, vos hanches et vos chevilles doivent être en ligne par rapport à vos épaules. Vous pouvez placer votre tête sur votre bras tendu et poser votre bras droit (qui se trouve en haut) devant vous. Pliez votre jambe gauche (située en bas) de façon à vous assurer un meilleur équilibre et contractez vos muscles abdominaux.

Levez votre jambe droite (au-dessus) tout en la maintenant en ligne par rapport à votre corps et exécutez cinq petits cercles dans le sens des aiguilles d'une montre et cinq dans le sens inverse (D).

Exécutez ensuite avec votre jambe cinq grands cercles dans le sens des aiguilles d'une montre et cinq dans le sens inverse (E).

Rappelez-vous que votre bassin et votre dos ne doivent pas bouger durant cet exercice. Allongez-vous ensuite sur le côté droit et répétez l'exercice 1.4 avec la jambe gauche.

Exercice 1.5

Reprenez votre position sur le côté gauche. Cette fois, vous ne vous maintenez en équilibre qu'au moyen de votre coude gauche plié à 90° et vous placez votre bras droit devant vous (F). Posez votre jambe droite (située au-dessus) sur le sol, devant votre jambe gauche (en dessous), puis contractez vos muscles abdominaux et soulevez vos hanches (G). Vous devriez sentir une forte contraction dans le bas de votre dos et dans la région abdominale.

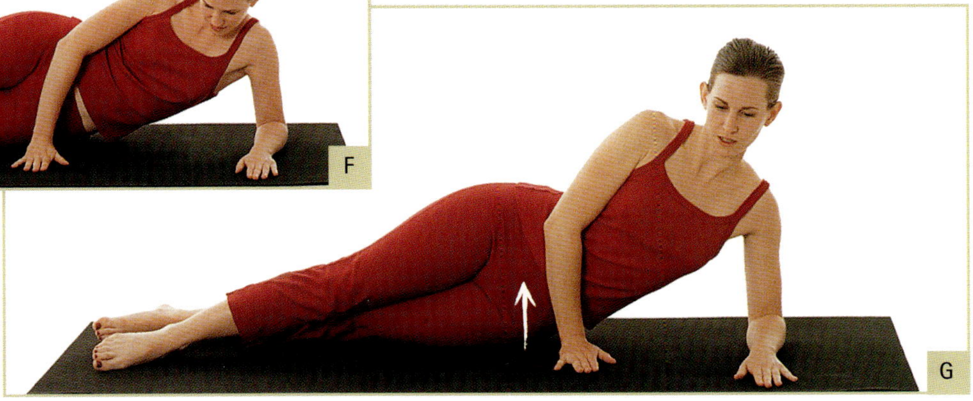

Soulevez vos hanches le temps de compter jusqu'à cinq et reposez-les lentement. Répétez l'exercice cinq fois, changez de côté et recommencez cinq fois du côté droit.

Autre version de cet exercice : maintenez vos pieds en ligne par rapport à votre corps en posant vos jambes l'une sur l'autre (A). Poussez sur vos bras et soulevez les hanches (B). Rappelez-vous de contracter vos muscles abdominaux et de maintenir le bas de votre dos en position neutre.

Soulevez à nouveau vos hanches, comptez jusqu'à cinq et abaissez-les lentement. Répétez cet exercice cinq fois de chaque côté. En progressant, vous pourrez soulever vos hanches le temps de compter jusqu'à dix et répéter dix fois l'exercice.

A

B

Exercice 1.6

Allongez-vous sur le ventre en pointant vos orteils vers le bas. Contractez vos muscles abdominaux et poussez sur vos avant-bras (C). Maintenez bien votre tête dans l'alignement de votre corps et placez vos coudes directement sous vos épaules.

Poussez sur vos avant-bras et soulevez vos hanches et vos genoux (D). Maintenez cette position le temps de compter jusqu'à cinq, abaissez à nouveau votre bassin et relâchez votre effort. Répétez cinq fois cet exercice. Après l'avoir exécuté à plusieurs reprises, essayez de rester en position le temps de compter jusqu'à dix et de répéter dix fois l'exercice.

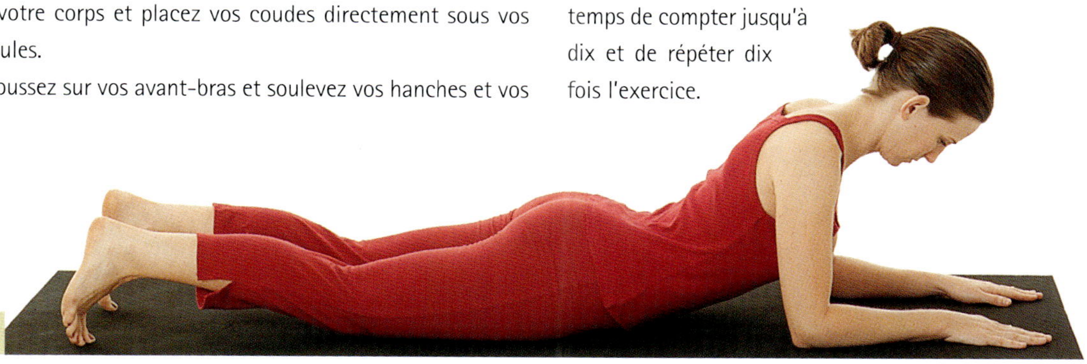
C

D

2. Renforcer les ischio-jambiers

Exercice 2.1

Allongez-vous sur le ventre, posez votre tête sur vos mains et serrez un petit ballon (de football, par exemple) entre vos pieds (E). Assurez-vous de ne pas creuser le bas du dos durant cet exercice.

Pliez vos genoux tout en serrant la balle entre vos pieds (F). Maintenez cette position le temps de compter jusqu'à cinq, puis abaissez à nouveau les jambes sans relâcher la balle. Répétez 20 fois cet exercice.

Exercice 2.2

Allongé à plat ventre, croisez vos jambes au niveau de vos chevilles en plaçant votre pied droit par-dessus le gauche (G). Repliez lentement votre genou gauche (H). La jambe droite posée sur la gauche offrira une certaine résistance qui rendra le mouvement plus difficile sans toutefois l'empêcher. Répétez 10 fois cet exercice, puis changez de jambe en repliant le genou droit, la jambe gauche offrant cette fois-ci une résistance, et répétez à nouveau 10 fois l'exercice.

Exercice 2.3

Placez-vous face à un mur et posez les mains devant vous pour vous aider à maintenir l'équilibre (I). Pliez votre genou gauche à 90° (J). Maintenez cette position le temps de compter jusqu'à cinq, puis reposez le pied par terre. Répétez 20 fois cet exercice et recommencez avec la jambe droite. (Remarque : vous pouvez ajouter du poids à vos chevilles pour faire travailler vos muscles davantage.)

3. Renforcer le quadriceps

Exercice 3.1

Tenez-vous debout, le dos en position neutre, les mains sur les hanches et la jambe droite légèrement en avant (A). Contractez vos muscles abdominaux et pliez lentement les genoux (en comptant jusqu'à trois) pour poser le genou gauche à terre (B). Reprenez ensuite lentement la position de départ en comptant à nouveau jusqu'à trois et répétez 10 fois l'exercice. Changez ensuite de jambe et exécutez l'exercice encore 10 fois. Si vous trouvez cet exercice difficile, vous pouvez commencer par utiliser une chaise ou une table pour vous aider à garder l'équilibre.

A

B

C

D

Exercice 3.2

Placez-vous dos contre le mur, avancez les pieds de 20 cm. environ et laissez entre ces derniers un écartement correspondant à celui de vos hanches. Le bas de votre dos, votre tête et vos omoplates doivent rester en contact avec le mur (C). Le bas du dos doit rester en position neutre et vous devez contracter vos muscles abdominaux.

Pliez vos genoux à 90° environ (D) et maintenez cette position le temps de compter jusqu'à cinq, puis relevez-vous en comptant à nouveau jusqu'à cinq. Répétez 10 fois cet exercice.

4. Renforcer les muscles du dos

Placez la partie supérieure de votre corps (E) sur une surface plane (une table, par exemple). Maintenez le bas du dos en position neutre et contractez vos muscles abdominaux. Pliez vos bras et posez-les sur la table de chaque côté de votre tête.

E

F

Exercice 4.1 - Muscles de la partie supérieure du dos

Placez vos mains légèrement contre vos tempes et relevez doucement votre tête et vos épaules (F). Maintenez cette position en comptant jusqu'à cinq. Vous ne devez pas creuser le dos ; si vous le faites, c'est que vous êtes allé trop loin. Répétez 10 fois ce mouvement.

G

H

Exercice 4.2 - Muscles du bas du dos

Toujours à plat ventre, tendez légèrement vos jambes en arrière en conservant les orteils en contact avec le sol (G). Tout en maintenant le bas du dos en position neutre et en contractant vos muscles abdominaux, accrochez-vous de chaque côté de la table et relevez une jambe jusqu'à ce qu'elle soit alignée avec la partie supérieure de votre corps (H). Maintenez cette position le temps de compter jusqu'à cinq puis relâchez votre effort. Répétez l'exercice 5 fois. Pour compliquer un peu cet exercice, vous pouvez relever les deux jambes simultanément (I) et maintenir cette position le temps de compter jusqu'à cinq. Veillez bien à ne pas relever les jambes trop haut, car cela aurait pour effet de cambrer le dos de façon artificielle.

I

5. Renforcer les muscles antérieurs du cou

Allongez-vous sur le dos et regardez le plafond (A). Sans lever la tête du tapis, ramenez votre menton vers vous, comme si vous hochiez la tête (B). Répétez 10 fois ce petit mouvement. Au cours de cet exercice, vous devriez sentir votre tête glisser sur le tapis vers le haut et vers le bas.

Si vous vous sentez en mesure de réaliser une version plus complexe de cet exercice, relevez légèrement votre tête par rapport au tapis à chaque mouvement du menton tout en laissant celui-ci rentré. L'exercice devrait donc se dérouler de la sorte : rentrez le menton, levez la tête, restez dans cette position le temps de compter jusqu'à cinq, puis revenez à la position de départ. Répétez cinq fois cette séquence.

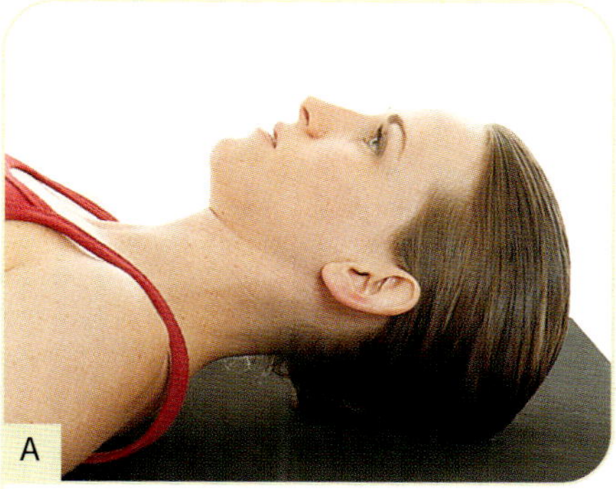
A

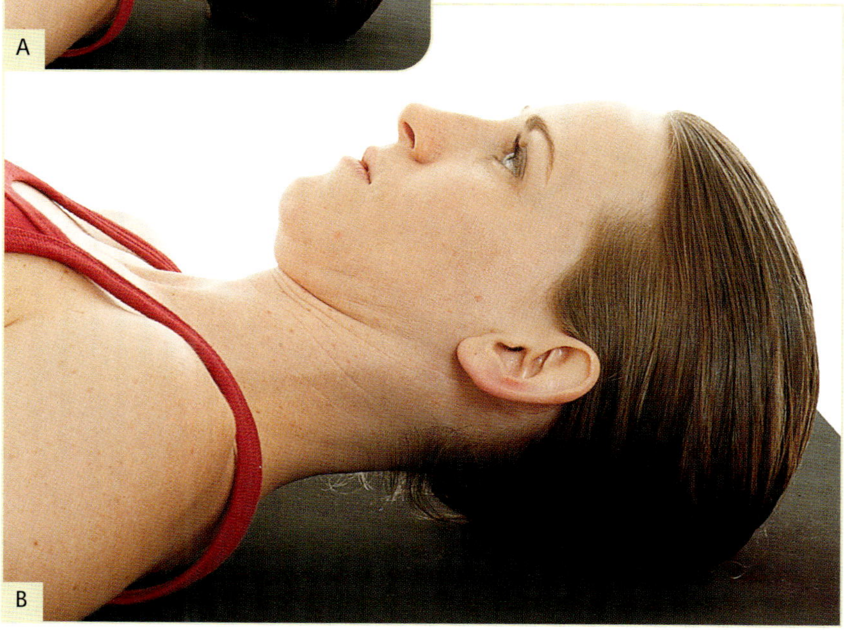
B

6. Renforcer les muscles fessiers

Allongez-vous sur le côté gauche, les genoux pliés à 45°. Posez votre tête sur votre bras tendu et placez votre main droite devant vous pour renforcer votre équilibre (C). Contractez vos stabilisateurs abdominaux et levez votre genou droit (D). Veillez cependant à laisser votre pied droit sur le gauche et à ne pas bouger le bassin. Maintenez votre genou droit dans cette position le temps de compter jusqu'à cinq et ramenez-le ensuite en position de repos. Répétez 20 fois ce mouvement, puis recommencez l'exercice de l'autre côté en levant votre genou gauche.

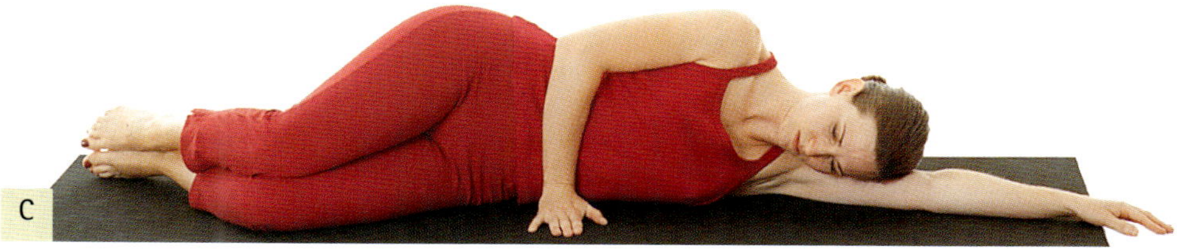
C

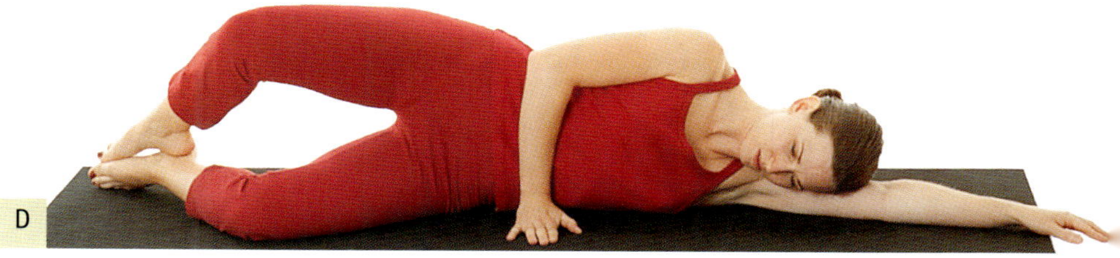
D

E

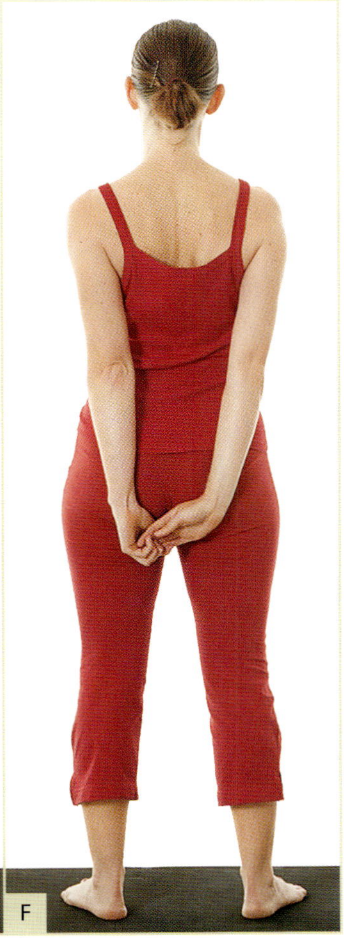

F

7. Renforcer les muscles stabilisateurs de l'omoplate

Exercice 7.1

Tenez-vous droit en maintenant entre vos pieds un écartement correspondant à celui de vos hanches et serrez les mains derrière le dos (E). Tirez doucement vos mains vers le bas et rapprochez vos omoplates (F). Maintenez cette position le temps de compter jusqu'à cinq, puis relâchez votre effort. Répétez cinq fois ce mouvement.

Exercice 7.2

Tenez-vous debout, les bras de chaque côté du corps, les coudes pliés à 90° et les doigts tendus (G). Tournez vos bras vers l'extérieur et, tout en maintenant les coudes près du corps, baissez-les légèrement et ramenez-les en arrière de façon à rapprocher vos omoplates (H). Maintenez cette position le temps de compter jusqu'à cinq. Vous devriez sentir un « tiraillement » sur la partie antérieure de l'épaule. Répétez dix fois ce mouvement.

G

H

VUE DE FACE

H

VUE DE DOS

8. Étirement des fléchisseurs de la hanche

Exercice 8.1

Votre pied gauche repose par terre, tandis que votre jambe droite est pliée à 90° et que le pied droit repose sur un banc ou une chaise basse (A). Maintenez le bas du dos en position neutre et contractez vos muscles abdominaux.

Penchez-vous en avant jusqu'à ce que vous sentiez un léger « tiraillement » dans la jambe gauche (B). Restez dans cette position le temps de compter jusqu'à 20. Exécutez deux fois cet étirement, changez de jambe et recommencez.

A

B

Exercice 8.2

Faites un pas en avant du pied gauche et baissez-vous jusqu'à ce que votre genou arrière (le droit) touche le sol. Posez légèrement vos mains sur votre genou gauche et penchez-vous en avant en reportant votre poids sur votre pied gauche (C). Vous devriez éprouver une sensation de « tiraillement » dans la région de l'aine droite, correspondant à la jambe placée en arrière. Restez dans cette position le temps de compter jusqu'à 20, changez de jambe et recommencez.

C

D

E

F

G

9. Étirement des ischio-jambiers

Exercice 9.1

Posez votre pied gauche par terre et appuyez le talon de votre pied droit (D) sur une surface plane un peu élevée (une chaise, par exemple). Posez vos mains juste au-dessus de votre genou et penchez-vous en avant au niveau des hanches (E) en veillant à ne pas faire le dos rond. Vous devriez sentir un « tiraillement » à l'arrière de votre cuisse droite. Maintenez cette position le temps de compter jusqu'à 20. Exécutez deux fois cet exercice, changez de jambe et recommencez.

Exercice 9.2

Asseyez-vous sur le bord d'un lit ou d'une table basse en tendant votre jambe droite devant vous et en appuyant votre pied gauche par terre (F). Posez vos mains juste au-dessus de votre genou droit et penchez-vous en avant (G) jusqu'à ce que vous sentiez un « tiraillement » à l'arrière de la jambe tendue. Maintenez cette position le temps de compter jusqu'à 20. Exécutez deux fois cet exercice, changez de jambe et recommencez.

(**Remarque :** vous ne devriez éprouver aucune douleur dans le bas du dos au cours de ces étirements des ischio-jambiers. Si vous avez mal, nous vous conseillons de consulter un spécialiste.)

10. Étirement des muscles fessiers

Allongez-vous sur le dos et ramenez votre genou gauche vers votre poitrine. Placez votre main gauche sur votre genou et votre main droite autour de votre cheville gauche (A).

Ramenez votre genou gauche vers l'épaule opposée (B) en vous aidant dans ce mouvement avec votre main droite placée sur la cheville. Restez dans cette position le temps de compter jusqu'à 20. Vous devriez sentir une sensation de « tiraillement » dans la fesse. Réalisez deux fois cet étirement, changez de jambe et recommencez.

A
B

11. Étirement des muscles du dos

Exercice 11.1

Allongez-vous sur le dos. Pliez votre genou droit à 90° et posez votre main gauche sur le genou (C). Tendez votre bras droit au-dessus de votre tête pour étirer les pectoraux. Ramenez votre jambe droite en travers de votre corps et tournez la tête vers votre bras tendu (D). Vous devriez sentir un « tiraillement » du côté droit de votre corps. Poursuivez cet étirement le temps de compter jusqu'à 20, puis relâchez votre effort. Exécutez deux fois ce mouvement, changez de côté et recommencez.

C

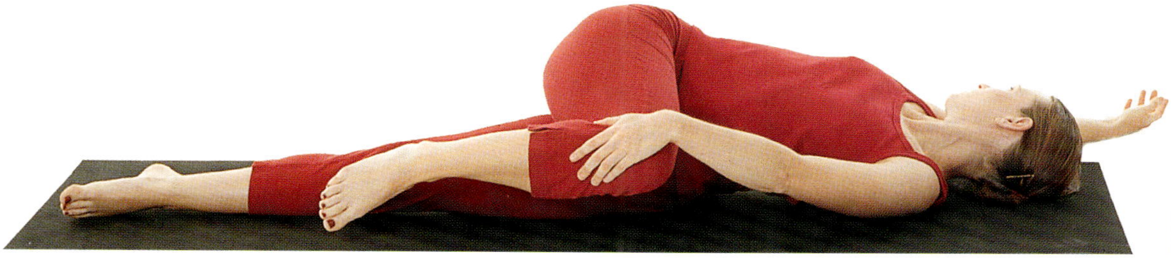
D

E

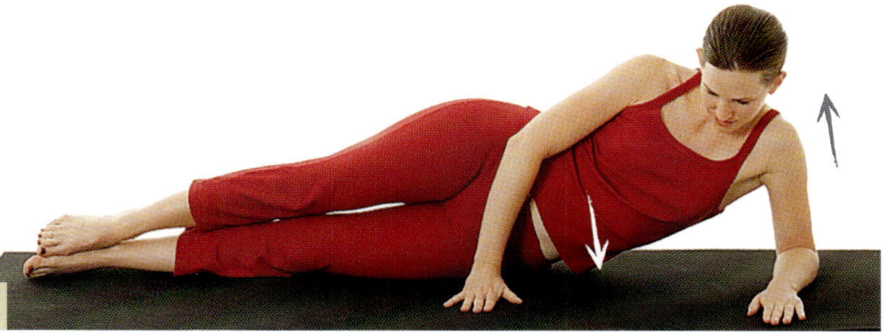

F

G H

Exercice 11.2

Allongez-vous sur le côté gauche et prenez appui sur votre coude plié à 90°. Placez votre main droite devant vous pour renforcer votre équilibre (E). Inspirez puis, lorsque vous expirez, ramenez le côté gauche de votre corps vers le sol (F). Vous devriez sentir un « tiraillement » dans le bas du dos, du côté gauche. Exécutez cet étirement le temps de compter jusqu'à 10, puis relâchez votre effort. Réalisez cinq fois cet exercice, changez de côté puis recommencez.

Exercice 11.3

Debout, votre jambe droite croisée par-dessus la gauche. Placez votre main droite sur votre taille pour renforcer votre équilibre (G). Levez votre bras gauche au-dessus de votre tête et ramenez-le vers la droite en penchant la partie supérieure de votre corps du même côté (H). Vous devriez sentir un « tiraillement » dans le bas du dos, du côté gauche. Exécutez cet étirement le temps de compter jusqu'à 20, puis relâchez votre effort. Réalisez deux fois cet exercice.

Placez la jambe gauche devant la droite et recommencez l'exercice.

12. Étirement des muscles du cou

Exercice 12.1

Asseyez-vous droit sur une chaise, placez votre main gauche du côté droit de votre tête (A) et ramenez doucement votre cou vers votre épaule gauche (B). Vous devriez sentir un « tiraillement » du côté droit de votre cou. Saisissez le bord de la chaise avec votre main droite pour maintenir votre épaule droite abaissée. Maintenez cette position le temps de compter jusqu'à 20, exécutez deux fois cet exercice et recommencez en changeant de côté.

(Remarque : vous ne devriez ressentir aucune gêne dans le cou du côté vers lequel l'étirement se produit.)

A

B

Exercice 12.2

Asseyez-vous droit et saisissez le bord de la chaise avec votre main droite. Placez votre main gauche du côté droit de votre tête, ramenez doucement celle-ci vers votre épaule gauche (C) puis inclinez la tête vers la droite. Vous devriez sentir l'étirement du côté droit de votre cou. Maintenez cette position le temps de compter jusqu'à 20, exécutez deux fois cet exercice et recommencez en changeant de côté.

C

D

E

Exercice 12.3

Asseyez-vous droit, placez votre main droite sur le côté gauche de votre tête et inclinez celle-ci vers le bas et vers la droite comme si vous regardiez par-dessous votre aisselle (E). Exercez une pression de la main et poussez doucement votre tête vers le bas. Saisissez le bord de la chaise avec la main gauche pour maintenir votre épaule abaissée. Vous devriez sentir un « tiraillement » du côté gauche de votre cou. Maintenez cette position le temps de compter jusqu'à 20. Exécutez deux fois cet exercice et recommencez en changeant de côté.

Remarque : ces exercices conviennent particulièrement aux personnes qui travaillent devant un ordinateur et qui pourront les exécuter au moment des pauses. Les personnes souffrant de céphalées chroniques d'origine cervicale devraient également réaliser ces exercices qui leur permettront de détendre les structures du cou à l'origine de la douleur. Les étirements peuvent être faits sous la douche, en laissant l'eau chaude couler sur les muscles que l'on est en train d'étirer.

Les bonnes positions

Lorsque vous réalisez certaines activités dans une mauvaise position, vous soumettez vos articulations, vos ligaments et vos muscles à des contraintes trop importantes. Et de mauvaises habitudes acquises de longue date peuvent provoquer, au fil du temps, certains problèmes. Pour éviter cela, il est important de savoir comment réaliser correctement les activités de la vie quotidienne. Ce chapitre vous donnera quelques indications sur les positions recommandées pour réaliser ces activités qui nous semblent souvent, à l'instar du sommeil, se dérouler tout naturellement.

LA STATION DEBOUT

Lorsque vous êtes debout, vous devez maintenir la lordose du bas de votre dos et de votre cou, mais aussi la cyphose de la partie supérieure de votre dos. Ces courbures ne doivent être ni atténuées, ni excessivement prononcées : lorsque vous vous tenez debout, la position idéale devrait être celle décrite au Chapitre 4 (voir page 46). En maintenant cette position neutre, les articulations souffrent moins de contraintes et l'activité des ligaments et des muscles nécessaire au maintien de la position de la colonne vertébrale est limitée au minimum.

POSITION NEUTRE

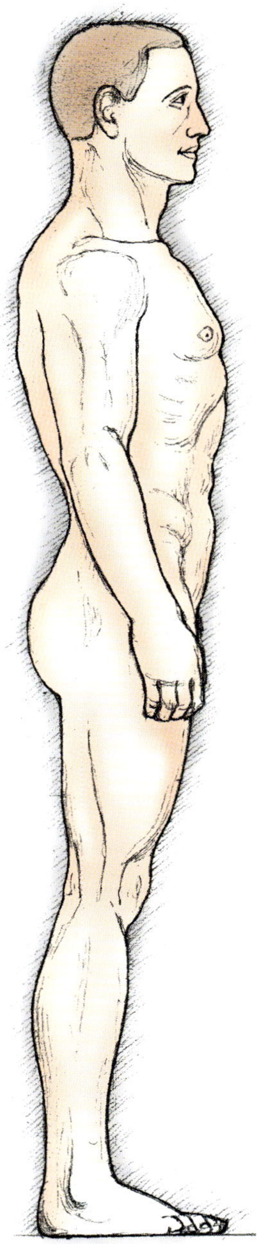

Les exemples qui suivent illustrent la façon de se tenir debout correctement lorsqu'on effectue différentes activités quotidiennes.

Travailler debout dans la cuisine et sur différentes surfaces

Tout le monde ne mesure pas la même taille ; et bien que cela soit la norme, les surfaces de travail à hauteur unique ne sont pas l'idéal. Généralement, les plans de travail des cuisines sont à 80-100 cm. du sol, par conséquent à une hauteur trop peu importante pour des personnes de grande taille. Si cela vous est possible, essayez d'adapter la surface de travail à la hauteur qui vous convient. Si vous ne pouvez pas modifier vos plans de travail et qu'ils sont trop hauts, utilisez une boîte en bois ou un petit escabeau, et asseyez-vous sur un tabouret s'ils

sont trop bas.

Si vous réalisez des tâches peu exigeantes du point de vue de l'effort à accomplir (éplucher des fruits, par exemple), la surface de travail doit se trouver à la hauteur de vos coudes ; mais si votre activité requiert plus d'énergie (pétrir de la pâte, par exemple), vous devez travailler sur une surface plus basse se trouvant à la hauteur de vos mains lorsque vos coudes sont pliés à 45°. Vous devez par ailleurs prendre en considération l'objet avec lequel vous travaillez. Si vous arrangez un bouquet, par exemple, la hauteur du vase compte ; c'est donc celui-ci qui devrait se trouver à la hauteur de vos coudes, et non la surface sur laquelle il repose (voir photo ci-contre).

La façon dont vous vous tenez devant le plan de travail est, elle aussi, importante. Rapprochez-vous suffisamment ; cela vous évitera de vous pencher excessivement pour atteindre les objets. Si le plan de travail est large et que vous devez tendre le bras, il est préférable de placer une jambe devant l'autre ; de la sorte, lorsque vous tendez la main, vous pouvez reporter le poids de votre corps sur la jambe avant et vous pencher sans devoir plier le dos.

Si vous restez longtemps debout, il est important de faire des pauses régulières. Si vous avez dû vous pencher en avant, pliez le dos dans la direction opposée durant quelques secondes (voir photo page suivante). Si vous faites cela régulièrement, les contraintes que votre dos devra supporter tandis que vous travaillez seront moindres et vous éviterez ainsi les raideurs et les douleurs.

Repasser debout

Le repassage est bien souvent une tâche longue et fastidieuse. Les personnes qui trouvent ce travail agréable sont d'ailleurs peu nombreuses, car il s'avère fatiguant pour le bas du dos. Pour soulager un peu ce dernier, tenez-vous debout en plaçant un pied sur une surface légèrement surélevée (une barre transversale située sous la table à repasser ou une petite boîte). En plaçant une jambe devant l'autre, le poids de votre corps sera réparti de façon plus équilibrée et vous éviterez de devoir vous pencher pour atteindre l'extrémité de la table. Faites de courtes pauses et étirez votre dos en arrière plusieurs fois pour le soulager. Mais faites-le avant que votre dos ne se fatigue, toutes les 20-30 minutes environ.

Passer l'aspirateur ou balayer

Lorsque vous passez l'aspirateur ou que vous balayez, placez une jambe devant l'autre pour répartir uniformément le poids de votre corps. Ainsi, lorsque la partie supérieure de votre corps s'avance et recule en fonction des mouvements imprimés au balai ou au tuyau de l'aspirateur, vous pouvez épargner votre dos en reportant le poids de votre corps sur l'une ou l'autre de vos jambes. Contractez vos stabilisateurs abdominaux et maintenez le bas de votre dos en position neutre. Pour éviter de devoir vous pencher trop en avant, assurez-vous que le manche du balai ou de l'aspirateur est assez long. Si vous faites un grand nettoyage de printemps, changez d'activité de temps à autre : ne passez pas l'aspirateur dans toute la maison en une seule fois. De courtes pauses contribueront à protéger votre dos et lui épargneront des efforts inutiles.

Le travail du bois

Travailler le bois peut être une activité quelque peu éprouvante qui requiert de la force et implique certains mouvements énergiques. Il est donc important de travailler sur une surface plus basse que les coudes, c'est-à-dire plus basse que vos mains lorsque vos coudes sont pliés à 45°. Vous ne verrez pas simplement mieux ce que vous faites ; vous serez également en mesure de transmettre à vos mouvements une partie de la force de votre poids. Tenez compte de l'épaisseur du bois sur lequel vous travaillez, car elle peut modifier sensiblement la hauteur de votre plan de travail. Pour éviter de trop solliciter vos muscles, prenez un bon appui en écartant bien les pieds. Faites régulièrement de courtes pauses et bougez le dos dans le sens opposé à celui dans lequel vous travaillez.

Jouer d'un instrument

Faire de la musique, cela signifie souvent rester debout des heures entières. Or rester longtemps dans la même position n'est pas bon pour le dos ; les articulations perdent de leur flexibilité et les muscles se tendent. Encore une fois, faites régulièrement des pauses et étirez le dos, le cou et les bras. Cela vous permettra de soulager un peu la tension accumulée. Mais ne faites pas tous ces étirements durant la même pause ; concentrez-vous au contraire sur l'une ou l'autre de ces parties pendant chaque pause. L'idéal est de faire quelques étirements toutes les 20-30 minutes.

Veillez à vous tenir bien droit, même si vous devez parfois tenir certains instruments sur le côté. Essayez de maintenir une position neutre lorsque vous jouez ; si vous vous penchez ou que vous vous tournez longtemps sur le côté, cela vous provoquera une raideur douloureuse dans le dos. Le fait de garder longtemps une même position peut raccourcir certains muscles et en affaiblir d'autres. Aussi, exécuter à l'instar des sportifs des étirements avant et après la pratique de votre instrument vous sera très profitable.

Dans le train et l'autobus

Dans un train ou un autobus, le sol sur lequel vous vous tenez, quoique solide, est constamment en mouvement. Par ailleurs, le véhicule s'arrête puis redémarre, souvent avec des soubresauts. Pour éviter que votre dos ne doive absorber toutes ces secousses, placez-vous dans le sens de la marche et posez une jambe devant l'autre. Cela vous permettra de maintenir votre dos au repos et de répartir votre poids sur vos jambes pour compenser les mouvements brusques du véhicule. Si vous adoptez une position neutre et que vous distribuez le poids de votre corps de façon égale sur vos jambes, vous serez en mesure de contracter vos muscles stabilisateurs et de protéger votre dos des secousses. Si vous vous tenez à quelque chose, vous serez encore plus stable.

Les enfants et leur cartable

Il est important que l'enfant ait un bon cartable qui ne fasse pas souffrir le bas du dos. Un cartable doit avoir des bretelles larges pour les épaules et ne doit pas descendre trop bas. Il ne doit pas non plus être trop lourd et son poids doit être réparti de façon équilibrée sur les deux épaules. Les enfants ont souvent de bons cartables mais ne les portent pas toujours correctement. Par exemple, les bretelles doivent être supportées par les deux épaules pour répartir le poids du cartable de façon égale, or bon nombre d'enfants n'utilisent qu'une seule bretelle et portent ainsi tout le poids sur une épaule. Ils sont alors contraints de pencher le dos d'un côté, ce qui comprime leurs articulations et peut provoquer des problèmes de dos. Le fait de porter longtemps un sac du même côté peut provoquer une déviation (scoliose) qui peut être une source de douleurs.

Les cartables doivent ainsi toujours être portés correctement et les stabilisateurs doivent être contractés pour protéger le dos. Il existe sur le marché de bons et de mauvais cartables ; il convient donc de choisir soigneusement celui que vous achetez pour votre enfant.

LA STATION ASSISE

Lorsque vous vous asseyez, une contrainte importante s'exerce sur le bas de votre dos. En fait, la position assise provoque sur les disques du bas du dos une compression de 50% supérieure à la station debout (reportez-vous au tableau de la page 24 pour voir plus en détail les effets des différentes positions). Songez à votre façon de travailler ou à vos loisirs favoris ; vous allez certainement vous apercevoir que vous êtes assis durant la plupart de vos activités quotidiennes (lorsque vous voyagez en bus ou en train, lorsque vous êtes à votre bureau, que vous regardez la télévision ou que vous mangez, par exemple). Nous restons ainsi pour la plupart longtemps assis et nous devons veiller à nous asseoir correctement.

Pour vous asseoir correctement, assurez-vous que :

1. Vous posez vos pieds par terre.
2. Vous pliez vos genoux à 90°.
3. Vos hanches sont à la même hauteur ou légèrement plus haut que vos genoux.
4. Votre dos est complètement appuyé — et particulièrement le creux de votre dos.
5. Vous vous asseyez bien au fond de votre chaise.
6. Votre tête et vos épaules sont alignées sur vos hanches.
7. Vos stabilisateurs abdominaux sont contractés.

UNE BONNE POSITION ASSISE

Travailler devant un ordinateur

Lorsque vous travaillez devant un ordinateur, la hauteur du clavier et de l'écran est très importante. Lorsque vous êtes assis, votre surface de travail — le clavier — doit se trouver à la hauteur de vos coudes. Quant à l'écran, il doit être placé face à vous, et non sur un côté, et il doit être 30-35° plus bas que la hauteur de vos yeux et environ à une longueur de bras de vous. L'écran doit être bien réglé et la lumière environnante doit être adaptée.

Lorsque vous travaillez devant un ordinateur, faites régulièrement de courtes pauses

Si vous travaillez souvent avec un traitement de texte, vous devriez envisager d'utiliser un support pour maintenir vos documents à côté de l'écran, et à la même hauteur. Cela vous éviterait de regarder constamment vers le bas puis vers le haut. Il est également conseillé d'utiliser des accoudoirs et un bon support pour les poignets. Si vous avez des problèmes de vue, songez à vous procurer un écran plus grand afin de pouvoir voir correctement sans être obligé de vous pencher en avant. De même, si vous portez des verres à double foyer, évitez de ramener votre tête en arrière pour regarder à travers la partie inférieure du verre.

On a tendance à rester assis longtemps devant l'ordinateur, sans prêter une grande attention à la position que l'on adopte et sans s'assurer qu'elle est vraiment confortable. Faites de brèves pauses toutes les 20-30 minutes et tournez le cou des deux côtés et le tronc de gauche à droite ; cela vous aidera à éviter les tensions.

Avez-vous une bonne chaise ?

Une bonne chaise contribue au maintien d'une bonne position.

Les caractéristiques suivantes sont particulièrement importantes :

- Vous devez pouvoir régler la hauteur de la chaise en fonction de votre taille et de la hauteur de votre table.
- La chaise doit pouvoir pivoter afin que vous ne soyez pas contraint de vous tourner sans cesse.
- Elle doit épouser les courbures de votre dos.
- Les accoudoirs doivent se trouver à la hauteur de vos coudes lorsque vos bras sont pliés à 90°.
- La chaise doit avoir une hauteur adaptée à la table devant laquelle vous êtes assis, afin de réduire au maximum la nécessité d'abaisser ou de lever les bras pour travailler.
- L'assise de la chaise doit être confortable mais ferme.

Comme nous sommes tous uniques, et de constitution et de taille différentes, une même chaise ne sera pas adaptée à chacun de nous. S'il vous semble que votre chaise ne vous convient pas parfaitement, vous pouvez utiliser un petit coussin qui vous permettra de maintenir votre dos en position neutre.

Un dossier supplémentaire pourvu de coussins dont la position peut être modifiée. Le coussin doit être placé dans le creux du dos afin de préserver sa lordose normale.

Un coussin que vous pouvez placer à différents endroits et qui peut être adapté à la plupart des sièges de bureau vous permettra de préserver la courbure naturelle du bas du dos.

Ce coussin rempli d'air offre une assise instable et contraint la personne qui s'assied à activer ses stabilisateurs.

Regarder la télévision ou lire

Les fauteuils et les divans de votre salon sont probablement très confortables, et même si vous essayez, au début, de vous asseoir bien droit, vous serez tôt ou tard tenté de vous « avachir ». Mais le fait de se « couler » ainsi dans un fauteuil ou un canapé vous oblige à arrondir le dos excessivement et si vous restez dans cette position plusieurs heures durant, vous soumettez votre dos à des contraintes supplémentaires. En suivant quelques principes simples, vous pouvez cependant rester assis correctement pendant des périodes de temps assez longues. Veillez tout d'abord à vous asseoir bien droit et au fond de votre fauteuil en maintenant le dos en position neutre. Les principes exposés précédemment pour s'asseoir correctement (page 74) s'appliquent également lorsque vous regardez la télévision. La hauteur de cette dernière ne doit être ni trop élevée ni trop basse : votre tête doit pouvoir rester en position neutre pendant que vous regardez la télévision. Veillez à ce que votre fauteuil soit placé bien en face de l'écran afin que vous n'ayez pas à tendre le cou pour voir l'image.

Êtes-vous bien assis devant votre télévision ?

Le fait de s'allonger devant la télévision — sur un lit ou un canapé — pose souvent un certain nombre de problèmes, car nous avons tendance à maintenir la tête avec des coussins ou des oreillers, ce qui soumet le cou à des efforts inutiles. Si cette position est celle que vous préférez pour regarder la télévision ou pour lire, efforcez-vous de maintenir votre cou en position neutre en vous redressant un peu. Vous pouvez aussi essayer de surélever le poste de télévision. (De nombreux hôpitaux installent des télévisions à la hauteur du plafond afin que les patients puissent rester couchés en position neutre tout en regardant confortablement l'écran. Si vous pouvez parvenir au même résultat, cela sera bien meilleur pour votre dos.)

Il est également important de faire des pauses de temps en temps ; le simple fait de se lever et de faire quelques pas est très bon pour le dos. La prochaine fois, peut-être vous porterez-vous volontaire pour faire le café !

L'allaitement

Les mères qui allaitent restent souvent assises longtemps dans la même position ; elles se préoccupent naturellement du bébé et ne sont pas complètement détendues. Dans cette situation, il est important de s'asseoir dans une position neutre et sur une chaise ou un fauteuil qui offre un bon appui (pourvu d'accoudoirs, par exemple). Si vous maintenez votre bras levé pour soutenir le bébé, vous aurez tendance à élever l'épaule et à tirer sur votre dos de ce côté, ce qui aura pour effet de soumettre la partie supérieure de votre dos ainsi que votre cou à des efforts importants. Disposez des coussins sous votre bras afin que celui-ci et votre épaule puissent être totalement détendus lorsque votre enfant repose dans le creux de votre bras. Il est important d'allaiter des deux côtés à chaque fois afin d'éviter qu'un seul côté ne soit soumis à des efforts trop importants.

En voiture

Chaque jour, de nombreuses personnes restent assises longtemps en voiture – parfois des heures entières. Mais le fait de rester assis longtemps, ajouté aux vibrations du véhicule, affecte les disques du bas du dos. Ceci est particulièrement sensible chez les routiers, car les vibrations qu'ils doivent supporter sont plus importantes et ils passent souvent des jours entiers au volant.

A

B

C

Le moment de monter en voiture ou d'en descendre peut être une source de tensions pour votre dos. Lorsque vous allez prendre place, asseyez-vous sur le siège mais laissez vos pieds au contact du sol (A). Faites pivoter votre bassin et amenez vos jambes à l'intérieur de l'habitacle l'une après l'autre (B)+(C). Ne faites pas pivoter le dos tout seul ; essayez au contraire de bouger votre dos et vos jambes en même temps. Cela vous sera plus facile si vos stabilisateurs abdominaux sont contractés. (Lorsque vous sortez de la voiture, posez vos deux pieds par terre avant de vous mettre debout. Cela vous évitera d'infliger à votre dos cette rotation inconfortable qui est nécessaire lorsque vous avez une jambe à l'extérieur et une jambe à l'intérieur de la voiture.)

Une fois dans la voiture, ce sont encore les principes d'une bonne position assise qui prévalent (D). Vous devez aussi vous trouver à une distance convenable des pédales. Vos genoux doivent être légèrement pliés, de sorte que vous puissiez accéder aux pédales sans devoir étirer complètement la jambe. Asseyez-vous bien au fond du siège et maintenez une position neutre pour le bas de votre dos. Vos épaules doivent se trouver en ligne par rapport au bas de votre dos, et votre tête sur la même ligne que vos épaules. Vos mains doivent être à « deux heures moins dix » (E) et vos coudes pliés confortablement à 45° environ. Lorsque vous vous arrêtez à un feu rouge, profitez de l'occasion pour détendre votre cou en le tournant de gauche à droite et en l'étirant doucement de chaque côté en ramenant votre tête vers vos épaules. Lorsque vous effectuez de longs trajets, faites des pauses régulières (ne vous contentez pas de vous arrêter pour faire le plein) pour accorder quelques instants de répit à votre dos et pour l'étirer dans le sens inverse.

D

E

LES POSITIONS DU SOMMEIL

Lorsque vous dormez, vos muscles se détendent complètement, si bien que votre colonne vertébrale perd le support de ses stabilisateurs actifs. Comme vous restez sans doute six ou huit heures dans la même position, il est essentiel que vous essayiez de conserver une position neutre durant votre sommeil. Si vous vous couchez le dos rond, en position fœtale par exemple, votre colonne vertébrale sera étirée pendant des heures ; et si vous utilisez trop, ou trop peu, d'oreillers, votre cou sera aussi étiré ou contracté des heures durant. Avec le temps, ces différents facteurs pourront être à l'origine d'un certain nombre de problèmes.

Couchez-vous sur un bon matelas. Il doit être ferme mais ne pas être trop dur, et il ne doit pas présenter de creux ni de bosses. Un matelas trop mou et ne reposant pas sur une base ferme ne pourra pas vous permettre de conserver une position neutre : votre dos et votre bassin (les parties les plus lourdes du corps lorsqu'on est couché) creuseront le matelas et celui-ci ne pourra plus supporter votre dos correctement.

La meilleure position pour le bas du dos est de s'allonger sur le côté, car vous êtes alors en mesure de conserver une position neutre. Vous pouvez appuyer la jambe se trouvant au-dessus sur un coussin pour empêcher votre bassin d'imprimer une rotation au bas de votre dos (A).

Deuxième possibilité : s'allonger sur le dos. Si vous éprouvez une gêne dans le bas du dos lorsque vous êtes dans cette position, placez un coussin sous vos genoux (B) pour soulager la tension provoquée par l'étirement des fléchisseurs de la hanche et des ischio-jambiers.

Le fait de dormir sur le ventre (C) ne provoquera pas de tensions excessives sur le bas de votre dos si vous avez un matelas ferme. Il est recommandé de placer un coussin sous vos hanches ou votre ventre (D) pour éviter que votre dos ne se creuse trop. Cette position provoque une certaine. tension dans le cou car celui-ci est contraint de se tourner

A

B

D

C

E

sur le côté. Mais si vous aimez cette position pour dormir, essayez de vous tourner légèrement afin de vous trouver à la fois sur le ventre et de côté. Disposez un coussin sous votre poitrine et un autre entre vos jambes pour plus de confort (E).

Même si cela peut sembler évident, les oreillers permettent de conserver une bonne position durant le sommeil. Votre oreiller doit être à la bonne hauteur pour maintenir le cou en position neutre et pour éviter qu'il ne soit penché en avant ou en arrière. Il est important de veiller à ce que vos épaules ne se trouvent pas sur l'oreiller de façon à ce que seuls votre tête et votre cou soient supportés. Si vous dormez sur le côté, vous aurez besoin d'un oreiller plus épais que si vous dormez sur le dos. En effet, lorsque vous dormez sur le côté, la distance entre le matelas et votre tête est plus importante que la distance entre votre nuque et votre matelas lorsque vous dormez sur le dos.

Il est difficile de recommander un nombre précis d'oreillers, ou même un certain type d'oreiller, car leur taille et leur épaisseur sont toutes différentes. Néanmoins, un oreiller qui épouse bien votre cou, un oreiller de plumes, fera sans doute parfaitement l'affaire. Les oreillers sur mesure ne sont recommandés que s'ils ont été conçus à votre intention. Dans la mesure du possible, il est préférable d'essayer un oreiller avant de l'acheter.

SOULEVER DES OBJETS

Soulever ou ramasser des objets provoque une tension importante dans le bas de votre dos, surtout si vous le faites de manière répétée. Le fait de soulever quelque chose correctement vous prendra sans doute un peu plus de temps mais vous évitera de vous faire mal au dos.

Si vous devez soulever des objets de façon répétée, souvenez-vous de faire des pauses et de vous pencher souvent en arrière. Essayez aussi d'alterner ces mouvements avec d'autres occupations : cela soulagera les disques et les

Ce que vous devez garder à l'esprit lorsque vous soulevez un objet :

- Maintenez votre dos en position neutre.
- Tenez-vous debout en posant une jambe devant l'autre, afin de mieux répartir le poids de votre corps (A).
- Maintenez vos stabilisateurs abdominaux actifs.
- Pliez les genoux, pas votre dos (B).
- Évaluez le poids de l'objet avant de le soulever (C).
- Tenez l'objet près de votre corps (D).
- N'effectuez pas de rotation du tronc lorsque vous soulevez un objet ; utilisez plutôt vos jambes et déplacez-vous pour poser l'objet soulevé.
- Lorsque vous portez un objet avec quelqu'un d'autre, mettez-vous d'accord sur le moment de le soulever. Un simple « un-deux-trois » vous permettra de mieux coordonner vos gestes.

A

B

C

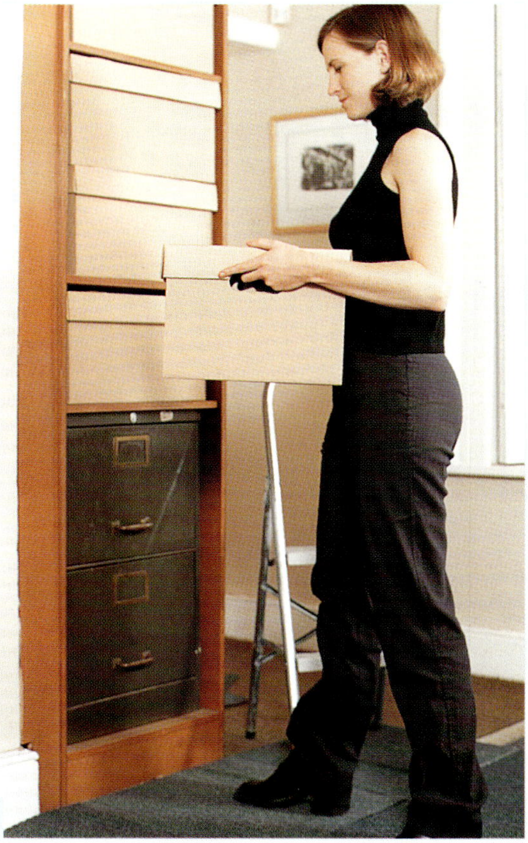

D

muscles du bas de votre dos.

Ne pensez surtout pas que c'est parce que vous réalisez un certain type de tâches tout au long de la journée que vous êtes bien préparé pour ce travail. Si vous êtes amené à soulever du poids à de nombreuses reprises, il est important d'y préparer votre corps et de rester en forme. Si vous devez soulever des charges importantes, renforcez vos quadriceps et vos stabilisateurs abdominaux afin de pouvoir travailler sans trop vous fatiguer (reportez-vous aux exercices du Chapitre 4).

Si vous devez attraper un objet situé en hauteur, ne forcez pas votre dos en reportant le poids de l'objet sur vos épaules, utilisez plutôt une petite boîte solide ou un escabeau, déplacez l'objet lorsqu'il se trouve à la hauteur de vos yeux (A) et ramenez-le contre vous (B) pour le descendre.

Si l'objet est trop lourd, faites-vous aider ! N'essayez pas de le porter seul : c'est souvent l'occasion de se faire mal au dos. Si vous devez simplement déplacer un objet (un meuble, par exemple), asseyez-vous, placez vos pieds contre l'objet en question et poussez. Accoutumés au poids, les muscles des cuisses sont forts et vous éviteront à cette occasion de vous faire mal au dos.

Soulever et porter un enfant

Les principes à appliquer lorsque vous soulevez des objets sont également valables lorsque vous soulevez un enfant. Sachez résister à la tentation de vous pencher pour soulever l'enfant ; écartez plutôt un peu les pieds, pliez les genoux de manière à vous accroupir et vous trouver à sa hauteur (A). Passez ensuite un bras autour de son corps et utilisez votre autre bras pour le saisir par en dessous (B). Enfin, redressez-vous lentement (C) en maintenant vos stabilisateurs abdominaux contractés.

Porter un enfant de cette façon ne pose aucun problème sur de courtes périodes (si vous le ramenez dans la maison ou que vous allez le coucher, par exemple). Mais porter un

A

B

C

D

E

enfant sur une longue période peut parfois poser un problème. Tant que l'enfant est petit, vous pouvez le porter au moyen d'un porte-bébé qui permet de répartir son poids uniformément (D). Veillez alors à contracter vos stabilisateurs abdominaux pour supporter le bas de votre dos et éviter que celui-ci ne se cambre. Un porte-bébé pourvu d'une sangle que vous passerez autour de votre taille permet de reporter une partie du poids sur les hanches et doit être préféré à un porte-bébé équipé exclusivement de bandoulières pour les épaules.

Sur des périodes de temps plus importantes, il est préférable de porter un enfant plus âgé sur votre dos plutôt que sur vos hanches (E). Si vous le portez sur vos hanches, votre dos est tiré sur un côté, ce qui a pour effet d'exercer une pression excessive sur les structures environnantes. Contractez alors vos stabilisateurs abdominaux pour protéger votre dos, faites des pauses et changez de côté régulièrement.

Lorsque vous faites une pause, bougez le dos dans la direction opposée pour soulager un peu la tension accumulée.

La marche

Outre les bénéfices bien connus qu'elle apporte par ailleurs, la marche permet de maintenir le bas du dos en position neutre et ne l'affecte pas trop. Elle est également utile pour la mobilité neurale. Par ailleurs, les nerfs peuvent être affectés par les structures qui les entourent ; en favorisant leur mobilité, vous éviterez plus facilement que cela se produise. Le fait de marcher régulièrement (environ quatre fois par semaine et entre 45 à 60 minutes à chaque fois) vous fera le plus grand bien.

La marche est bonne pour de nombreuses raisons. Elle permet en outre de :

- renforcer les muscles
- renforcer les muscles du dos et accroître la mobilité des nerfs
- maintenir le système cardiovasculaire en bonne forme
- augmenter la densité osseuse afin de réduire le risque d'ostéoporose
- prévenir les maladies cardiaques
- soulager la tension
- favoriser la diminution du cholestérol

Diagnostic et prévention

Certains problèmes de dos sont assez fréquents. Si vous avez souvent mal au dos, les différents cas exposés dans ce chapitre vous aideront peut-être à identifier le problème dont vous souffrez et vous éviteront ainsi de l'aggraver. En cas de douleur prononcée, il est recommandé de demander conseil à votre médecin ou à votre thérapeute manuel.

PROLAPSUS DU DISQUE (HERNIE DISCALE)

Causes : Les disques intervertébraux peuvent être facilement endommagés lorsque le dos est plié en avant et tourné en même temps. Le fait de soulever des charges importantes, ou de manière répétée, est aussi à l'origine de nombreux problèmes de disques ; il arrive également, bien que plus rarement, qu'une chute ou une blessure en soit la cause.

Se pencher en avant a pour effet de ramener vers l'arrière le nucleus pulposus et d'exercer une pression sur la partie extérieure de l'annulus fibrosus. Une mauvaise position assise prolongée peut être à l'origine de ce problème. Les rou-

PROLAPSUS DU DISQUE (HERNIE DISCALE)

ÉTUDE DE CAS 1

M. Brown n'avait jamais eu de problèmes de dos auparavant. Il a pourtant récemment eu mal, et voici comment il explique son problème : « Je me suis simplement penché en avant pour prendre ma tasse de thé et je n'ai pas pu me redresser. Il y a deux semaines, j'étais encore capable d'aider à dégager une voiture tombée dans un fossé sur le bas-côté ! J'ai mal dans le bas du dos… Lorsque je m'assieds, c'est pire, et je dois vraiment faire un effort pour me redresser. Cela va un peu mieux lorsque je marche un peu. En revanche, il m'est impossible de ramasser quelque chose par terre. Cela me fait très mal. Mais c'est une douleur localisée. Je n'ai mal qu'au dos. »

tiers, qui restent assis longtemps sur un siège qui vibre développent fréquemment ce type de problème. À noter : une quinte de toux ou un éternuement peut parfois vous faire prendre conscience d'un problème de disque.

Symptômes : Douleur sourde et constante dans le bas du dos, généralement sur un côté. Le fait de s'asseoir accroît la douleur, mais cela ne se vérifie parfois que lorsqu'on se relève. Se pencher en avant accroît également la douleur, au point qu'il est parfois même trop douloureux de se pencher. La douleur est souvent plus aiguë le matin et diminue au cours de la journée. Il peut être difficile de se tenir droit ; peut-être constaterez-vous aussi que vous avez tendance à vous pencher sur un côté et que vous privilégiez le côté qui ne réveille pas la douleur

Anatomie : la partie périphérique du disque (l'annulus fibrosus) se déchire généralement à l'arrière, et parfois sur un côté, si bien que la partie centrale gélatineuse (le nucleus pulposus) glisse (d'où le mot « prolapsus »), exerce une pression sur la partie extérieure du disque et provoque une inflammation (voir fig. 1) voire une déchirure dans certains cas extrêmes. Cela peut exercer une pression sur les structures proches (des ligaments ou la gaine protectrice

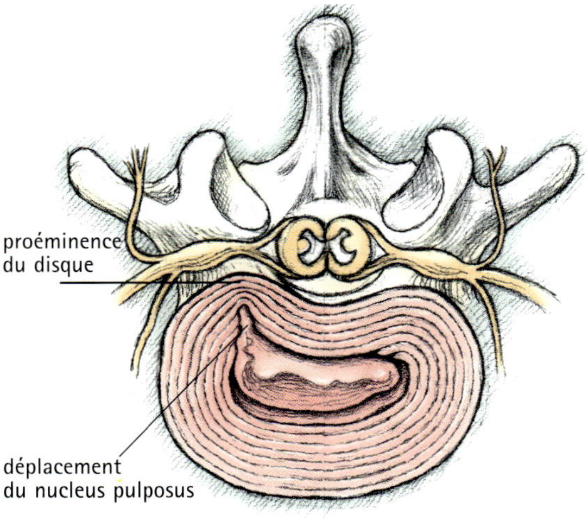

FIG 1 PROLAPSUS DU DISQUE

qui recouvre le nerf spinal), ce qui provoque une inflammation locale. À noter : le nucleus et les différentes lamelles du disque n'ont pas de terminaisons nerveuses et ne sont donc pas sensibles à la douleur. Ce ne sont que la partie extérieure du disque et les structures avoisinantes qui éprouvent cette douleur. Aussi est-il très facile d'abîmer un disque sans même s'en apercevoir. On n'associe la douleur à ce problème que lorsqu'il affecte la partie extérieure du disque. Ceci explique pourquoi des patients disent souvent ne plus se souvenir du moment où ils se sont fait mal au dos.

Prévention : Lorsque vous savez quelle activité a provoqué votre problème de dos, évitez-la jusqu'à ce que votre dos aille mieux. Poursuivre cette activité ne ferait sans doute qu'aggraver le problème. Si cela vous est impossible, il est très important que vous réalisiez cette activité le plus correctement possible. Si le problème est dû à la position assise, efforcez-vous de vous asseoir bien droit et évitez de vous avachir ; si vous vous êtes fait mal en soulevant des charges trop importantes, veillez à bien plier les genoux lorsque vous soulevez un objet.

Il est extrêmement important de faire de courtes pauses. Comme les problèmes de disque sont essentiellement provoqués par des mouvements en avant, essayez de faire des pauses et de vous pencher en arrière pour contrebalancer et soulager les effets de cette position en avant.

Si vous souffrez d'une hernie discale, il est préférable de marcher et de se tenir debout plutôt que de s'asseoir. Le repos au lit peut être utile, mais ne l'est généralement que durant les premières 24 heures.

Quand consulter un spécialiste : Si vous avez mal plus de 24 heures durant, si vous avez des « fourmis » dans les jambes et/ou si vous éprouvez une vive douleur au matin, consultez un médecin. Il pourra vous prescrire un anti-inflammatoire qui réduira l'inflammation et soulagera la douleur.

Votre médecin saura également déterminer si vous souffrez véritablement d'un problème de dos, et il pourra dans ce cas vous conseiller un thérapeute manuel. Celui-ci identifiera votre problème et traitera votre dos afin de réduire la pression affectant les structures associées au disque. Il sera également en mesure de vous indiquer comment prendre soin de votre dos et éviter que le problème ne réapparaisse.

PROLAPSUS DU DISQUE ET COMPRESSION DE LA RACINE NERVEUSE

ÉTUDE DE CAS 2

Mme. Bell avait déjà eu mal au dos auparavant. « J'ai mal au dos de temps à autre, mais jamais à ce point. Généralement, la douleur n'affecte que le dos et ne dure pas plus de deux jours. Si j'ai vraiment mal, je vais chez le médecin et il me fait une piqûre de Voltaren (diclofenac) qui parvient souvent à me soulager. Mais cette fois, cela dure depuis plus d'une semaine. La piqûre de Voltaren ne m'a rien fait et j'ai l'impression que c'est encore pire que la semaine dernière. J'ai mal au dos et la douleur que je ressens dans les jambes est insupportable. J'éprouve également une sensation étrange au pied, comme s'il était endormi. La douleur à la jambe me réveille parfois en pleine nuit. J'ai très mal lorsque je m'assieds ou que je me penche. Lorsque je conduis un certain temps, j'ai beaucoup de mal à sortir de la voiture et à me déplacer. Lorsque je suis debout, cela va un peu mieux, mais il m'est très difficile de faire quoi que ce soit.

Tout a commencé il y a deux semaines lorsque nous avons déménagé. J'étais occupée à faire des cartons et à les porter dans la maison... soudain, j'ai commencé à avoir mal au dos. J'ai arrêté de porter des cartons lourds, mais je devais continuer à emballer nos affaires. Trois jours plus tard, la douleur dans la jambe est apparue. Il me semble que cela vient du dos, mais je n'en suis pas certaine. »

PROLAPSUS DU DISQUE ET COMPRESSION DE LA RACINE NERVEUSE

Causes : Les causes sont similaires à celles d'un prolapsus normal (se pencher en avant ou soulever du poids). Dans le cas présent, la protrusion est plus prononcée et exerce une pression sur le nerf qui se trouve près de l'annulus. Le prolapsus du disque accompagné d'une compression de la racine nerveuse est un problème plus sérieux qui survient souvent après plusieurs prolapsus du disque.

Symptômes : C'est dans ce cas la douleur nerveuse qui domine et les symptômes peuvent varier. On peut ressentir un engourdissement ou une douleur brûlante dans la jambe (douleur irradiante, voir page 30) qui sera plus sensible que toutes les douleurs sourdes du dos. Il est aussi fréquent de ressentir des fourmillements dans le pied. La jambe peut sembler faible, avec une insensibilité dans certaines zones. Ces symptômes sont la conséquence de la compression du nerf.

Anatomie : Tout comme dans le cas du « simple » prolapsus, la partie périphérique du disque (l'annulus fibrosus) est déchirée et la partie centrale gélatineuse (le nucleus pulposus) glisse. Dans ce cas, la protrusion est importante et atteint le nerf spinal (voir figure 2), en bloquant les impulsions nerveuses normales destinées à certaines structures telles que le pied (et inversement). Les symptômes varient en fonction de l'ampleur du prolapsus et de l'irritation que celui-ci provoque sur les racines nerveuses.

Prévention : La prévention est semblable à celle qui est recommandée pour un « simple » prolapsus. Évitez toute activité susceptible de vous faire mal et faites des pauses régulières pour soulager la tension du dos. Si vous avez déjà eu des problèmes de dos, vous devriez faire des exercices d'étirement et de renforcement pour stabiliser votre dos et éviter des problèmes plus importants.

Quand consulter un spécialiste : Ce problème est bien plus gênant qu'un « simple » prolapsus et dure plus longtemps. Si vous avez mal durant une période prolongée, adressez-vous à un médecin. Il pourra vous prescrire un médicament pour soulager la douleur et vous demandera éventuellement de faire une radiographie pour confirmer son diagnostic. Si le problème n'est pas trop sévère, un thérapeute manuel en mesure de le traiter vous sera conseillé. Même après les premiers progrès, il est probable qu'un traitement par un thérapeute manuel doive se poursuivre.

Si les symptômes sont très prononcés (insensibilité complète et faiblesse importante), vous devrez peut-être vous adresser à un neurologue ou à un neurochirurgien. Il pourra décider d'opérer pour supprimer la protrusion du disque, car si le nerf reste trop longtemps compressé, il pourrait être endommagé de façon irrémédiable. Cette opération est nommée laminectomie. En supprimant la protrusion affectant le nerf, l'activité nerveuse normale est rétablie et les symptômes diminuent.

Après une opération, il est recommandé de consulter un kinésithérapeute pour faire de la rééducation et éviter de nouveaux problèmes.

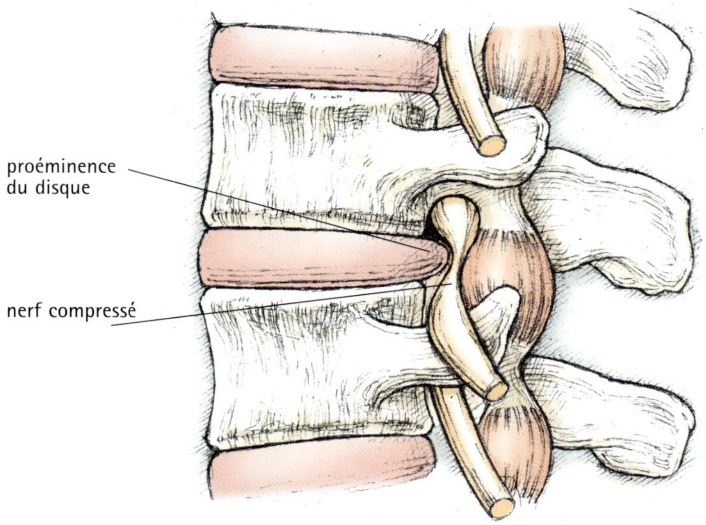

FIG 2 PROLAPSUS DU DISQUE ET COMPRESSION DE LA RACINE NERVEUSE

PROBLEMES DE DEGENERESCENCE DES DISQUES

ÉTUDE DE CAS 3

Ces derniers temps, M. Green a travaillé dur et a été très stressé. Voici de quoi il se plaint : « J'ai eu pendant longtemps des problèmes de dos de temps à autre, mais j'ai appris à vivre avec. Je vais voir quelqu'un lorsque cela me fait trop mal. C'est toujours la même chose : une douleur forte et sourde dans le dos. Dans les cas extrêmes, la douleur envahit tout le dos et parfois les fesses. J'éprouve quelquefois une curieuse sensation à l'arrière de la jambe gauche. Mais la douleur de la jambe n'est pas aussi forte que celle du dos. Lorsque je reste assis longtemps, j'ai toujours des difficultés à me redresser et à me déplacer. Lorsque je marche, en revanche, cela va mieux ; mais si j'en fais un peu trop, cela devient vraiment douloureux. Dernièrement, cela allait bien, mais hier, j'ai trébuché sur une dalle descellée et depuis, mon dos est extrêmement endolori. »

PROBLEMES DE DEGENERESCENCE DES DISQUES

Causes : En raison du phénomène naturel que représente le vieillissement, les disques perdent une partie de leur teneur en eau et se dégradent, ce qui entraîne une déchirure sur la partie périphérique du disque (l'annulus fibrosus). Bien que ces processus dégénératifs se produisent en raison du vieillissement naturel de la colonne, certains disques se dégradent plus rapidement que d'autres. Une prédisposition génétique peut représenter un facteur de risque favorisant les problèmes de dégénérescence des disques, mais les activités qui exercent une pression physique sur le dos (soulever des poids importants de manière répétée ou exécuter des mouvements de façon incorrecte) sont également des facteurs aggravants

Symptômes : Lorsqu'on souffre d'un problème de dégénérescence des disques, on éprouve parfois une douleur irradiante dans les fesses et/ou les hanches. La douleur est plus vive lorsqu'on est assis ou debout que lorsqu'on est allongé, car cette position permet de réduire la pression qui s'exerce sur le disque affecté. Vous pouvez avoir des difficultés à trouver une position confortable lorsque vous vous asseyez ou que vous êtes debout, et vous ressentirez peut-être le besoin de changer souvent de position. Le fait de se pencher en avant et de soulever des objets, surtout s'ils sont lourds, accentue la douleur, et se relever peut poser des problèmes. Un choc (sauter sur les pieds depuis une certaine hauteur) ou un mouvement brusque peuvent déclencher une douleur soudaine qui révélera un problème de dégénérescence du disque.

Anatomie : La partie périphérique du disque est amincie et devient moins élastique. La partie centrale gélatineuse perd une partie de sa teneur en eau et devient moins flexible (voir fig. 3 et 4). La fonction d'amortisseur du disque est alors inefficace et le disque ne peut plus absorber et redistribuer le poids comme auparavant

Prévention : Vous pourrez réduire la pression qui s'exerce sur le disque en corrigeant votre posture, en introduisant quelques exercices de mobilité et de stabilité dans votre vie quotidienne et en veillant à activer correctement vos stabilisateurs avant et pendant vos activités

Quand consulter un spécialiste : Si vous avez des problèmes de dos récurrents, consultez un médecin lorsque les symptômes changent ou si la douleur ne diminue pas. Le médecin pourra vous prescrire un anti-inflammatoire qui réduira l'inflammation et soulagera la douleur, et il saura vous conseiller un thérapeute manuel. Un kinésithérapeute, par exemple, pourra vous aider à prévenir la survenue de problèmes plus importants. Il vous permettra également de soulager la douleur en vous aidant à renforcer vos stabilisateurs (ce qui aura pour effet de réduire la pression qui s'exerce sur le disque) et en vous préparant un programme d'exercices qui favoriseront la mobilité de votre colonne vertébrale.

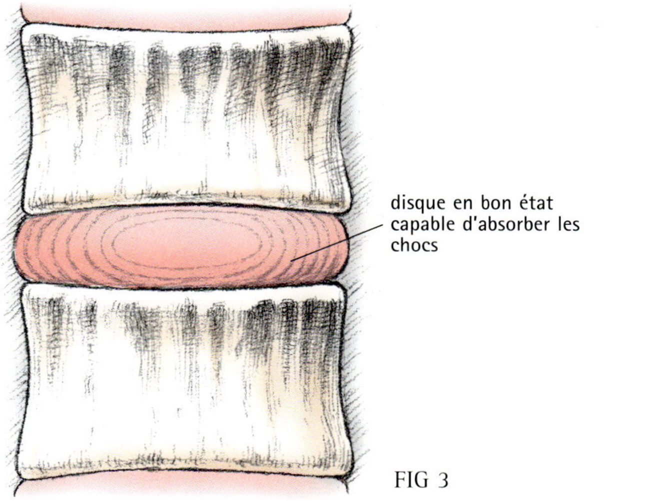

FIG 3

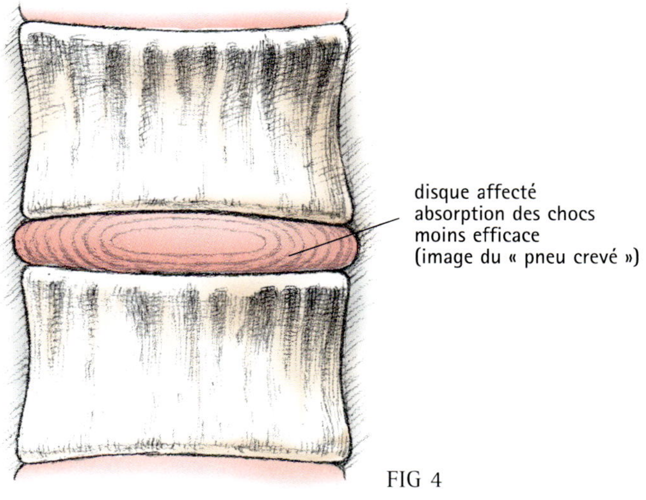

FIG 4

LUXATION DES FACETTES ARTICULAIRES
ET SPONDYLOSE

ÉTUDE DE CAS 4

M. Ross a pris un jour de congé pour réaliser tous les petits travaux qu'il voulait faire depuis longtemps chez lui. Le lendemain, il raconte : « ce matin, lorsque je me suis réveillé, je n'ai pas pu bouger. Si je reste immobile, je ne sens rien, mais dès que je veux me retourner, cela m'est très pénible et très difficile. J'ai eu du mal à me lever, mais la douche m'a fait du bien. Le fait de m'asseoir est agréable : cela fait moins mal que de se tenir debout. Hier, j'ai passé les dernières heures de la journée à repeindre le plafond, juché sur une échelle et la tête tournée vers le haut. J'ai senti que mon dos était un peu raide lorsque j'ai terminé, mais je me suis couché tôt et ce n'est qu'au matin que cela a été véritablement douloureux. »

LUXATION DES FACETTES ARTICULAIRES ET SPONDYLOSE

Causes : La luxation des facettes articulaires peut être provoquée par toute activité sollicitant les facettes articulaires de façon excessive. Les positions prolongées au cours desquelles le dos est complètement plié en avant sollicitent trop la capsule et les ligaments de l'articulation. Une position dans laquelle le dos est trop arqué, ou des périodes prolongées durant lesquelles on se penche en arrière, soumet les facettes articulaires à une pression prolongée, provoquant un frottement sur les surfaces de l'articulation qui entraîne à son tour une dégénérescence de l'articulation. Les sports qui requièrent des mouvements excessifs (la danse, la gymnastique ou le golf, par exemple) peuvent provoquer des problèmes de facettes articulaires. Avec l'âge, ces articulations qui ont souffert d'un problème de dégénérescence sont plus sensibles aux lésions et à la spondylose.

Symptômes : La douleur est généralement localisée dans la zone de l'articulation, mais elle peut également irradier vers le haut ou vers le bas. Vous pouvez ressentir des spasmes musculaires, provoqués par la luxation, qui peuvent se traduire par des symptômes, tels des raideurs, mais aussi des douleurs irradiantes dans d'autres zones. Le fait de s'asseoir amène un soulagement, mais la station debout et la marche sont bien moins confortables. S'allonger est confortable, mais se retourner dans le lit est difficile.

Anatomie : La luxation des facettes articulaires présente deux aspects anatomiques différents. D'un côté, une flexion latérale, une rotation et/ou une extension effectuée trop rapidement ou maintenue sur de longues périodes accroît la pression s'exerçant sur l'articulation, endommageant le cartilage. Par ailleurs, des flexions latérales, des rotations et parfois même des flexions prolongées sollicitent à l'excès les ligaments et la capsule autour de l'articulation et peuvent provoquer des déchirures. Dans ce cas, l'impact sur les ligaments est semblable à ce qui se produit lors d'un traumatisme, par exemple lorsqu'on se fait une entorse à la cheville (voir fig. 5).

Prévention : Si vous présentez l'un des symptômes évoqués ci-dessus, évitez les activités qui provoquent la douleur (se tenir debout, se pencher en arrière). Vous parviendrez à soulager la douleur en faisant le dos rond, c'est-à-dire en vous allongeant et en ramenant vos genoux contre votre poitrine. Quelques conseils préventifs de base : corrigez votre position, et particulièrement dans le cas d'une hyperlordose/hypercyphose et d'un dos arrondi. Ne restez pas des heures durant dans une position qui vous contraint à vous pencher en arrière. Faites des pauses et penchez le dos dans le sens opposé pour soulager la tension.

Quand consulter un spécialiste : Vous devriez consulter un médecin si vous éprouvez une douleur durant plusieurs jours. Si vous avez du mal à vous endormir ou que vous éprouvez des difficultés à réaliser vos activités quotidiennes, il se peut que vous ayez besoin de prendre un anti-inflammatoire. Si des modifications dégénératives affectent l'articulation, elles seront mises en évidence au moyen d'une radiographie. Cela n'altérera pas nécessairement votre traitement, mais cela confirmera le diagnostic et l'on vous conseillera un thérapeute manuel.

Un thérapeute manuel travaillera avec vous à réduire la tension affectant les capsules et les ligaments. Il saura, au moyen de manipulations, accroître la circulation autour de vos articulations, atténuer l'inflammation, réduire la raideur et soulager la douleur. Il pourra également vous aider à corriger votre position et à préparer vos muscles à mieux supporter le bas de votre dos.

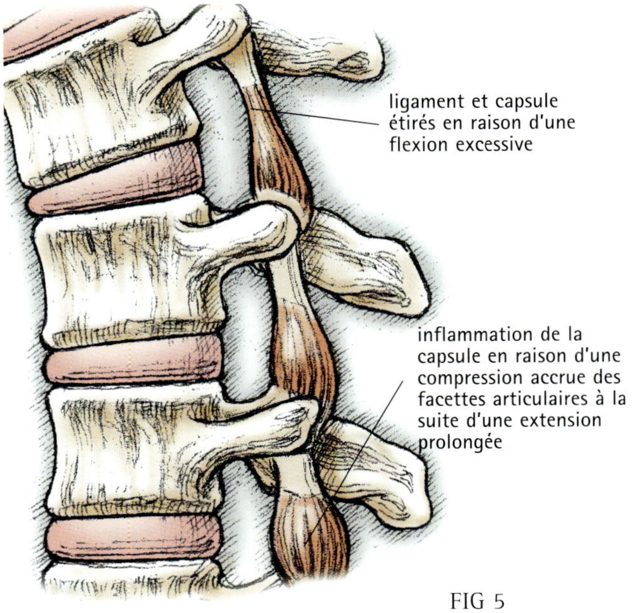

FIG 5

INSTABILITE LOMBAIRE

ÉTUDE DE CAS 5

Une instabilité lombaire a été diagnostiquée il y a quatre ans chez Mme Gordon. Voici comment elle explique ses problèmes de dos : « Je me suis habituée, j'ai appris à vivre avec... Parfois, je sens à peine mon dos, mais certains jours, je ne peux plus bouger. Je m'efforce de faire les choses correctement et j'ai même appris à éviter complètement certains mouvements, mais il m'arrive d'oublier et de faire des gestes que je ne devrais pas. C'est alors que mon dos recommence à me faire mal. La douleur reste pour l'essentiel dans le bas du dos et elle est plus intense du côté gauche. D'autres fois, elle se manifeste plutôt du côté droit. Je ressens parfois une douleur aiguë à la jambe, mais elle finit par disparaître. Je suis maintenant debout et je n'ai pas mal à la jambe, mais tous mes mouvements sont douloureux : lorsque je reste assise, que je reste debout ou que je marche longtemps, cela me fait très mal. Si je m'allonge, cela me soulage un peu, mais j'ai du mal à bouger si je suis restée immobile trop longtemps. L'utilisation de la bouillotte me soulage quelque temps, mais cela ne fait pas disparaître la douleur. »

INSTABILITE LOMBAIRE (SPONDYLOLISTHESIS)

Causes : Le spondylolisthésis peut être la conséquence d'une anomalie congénitale et, dans certains cas, d'une fracture de fatigue advenue durant l'enfance. Une fragilité de l'isthme provoque, dans des cas extrêmes, un déplacement des corps vertébraux qui peut mettre en danger la moelle épinière. Les enfants pratiquant des sports qui soumettent le dos à des efforts importants (gymnastique, haltérophilie, football) souffrent plus souvent de spondylolyse, signe avant-coureur du spondylolisthésis. Des disques et des articulations fragilisés peuvent également amener une maladie dégénérative chez l'adulte.

L'instabilité lombaire peut limiter le mouvement.

Symptômes : Dans certains cas, la maladie peut être totalement asymptomatique. Mais le fait de monter des marches ou de descendre une pente peut se révéler douloureux, ainsi que toute activité réalisée sur une longue période de temps. Vous pouvez également éprouver des accès de douleur aiguë entrecoupés de périodes sans aucun symptôme.

Anatomie : Le spondylolisthésis se produit généralement au niveau de la cinquième vertèbre lombaire (L5) qui se trouve au-dessus de la première vertèbre sacrée S1 (voir page 22). Le terme spondylolisthésis signifie « glissement en avant de la vertèbre » et traduit le déplacement des corps vertébraux résultant d'une solution de continuité au niveau de l'isthme vertébral (spondylolyse). Dans des cas extrêmes, l'isthme est affecté des deux côtés de la vertèbre et la capsule et les ligaments ne sont pas assez forts pour empêcher le glissement en avant de la vertèbre (spondylolisthésis). En conséquence, la vertèbre supérieure glisse sur la vertèbre sous-jacente et sollicite considérablement le disque qui reste la seule structure importante à empêcher les vertèbres de glisser complètement et d'endommager la moelle épinière.

Prévention : Si un spondylolisthésis vous a été diagnostiqué, il est très difficile d'empêcher complètement les symptômes de se manifester. Un corset peut aider à limiter les mouvements, mais à la longue, il pourra avoir pour effet d'affaiblir vos muscles stabilisateurs. Si vous souffrez de cette instabilité, il est important que vous adaptiez votre mode de vie en conséquence, que vous réalisiez vos activités avec modération, que vous corrigiez votre posture et que vous évitiez de faire des mouvements excessifs dans la mesure du possible. Une moindre sollicitation de la L5 se traduira par des symptômes moins importants.

Pour traiter ce problème, vous aurez besoin d'un programme d'exercices destinés à vos muscles stabilisateurs. Une fois renforcés, ceux-ci supporteront bien mieux le bas de votre dos qu'une ceinture lombaire.

Quand consulter un spécialiste : Un médecin pourra établir un diagnostic, demander des radios et vous prescrire un médicament pour la douleur, mais vous devrez consulter un thérapeute manuel. Celui-ci pourra contrôler votre instabilité et concevoir un programme d'exercices qui vous permettra de renforcer vos stabilisateurs, de corriger votre posture et d'éviter un excès de mouvement de la zone affectée.

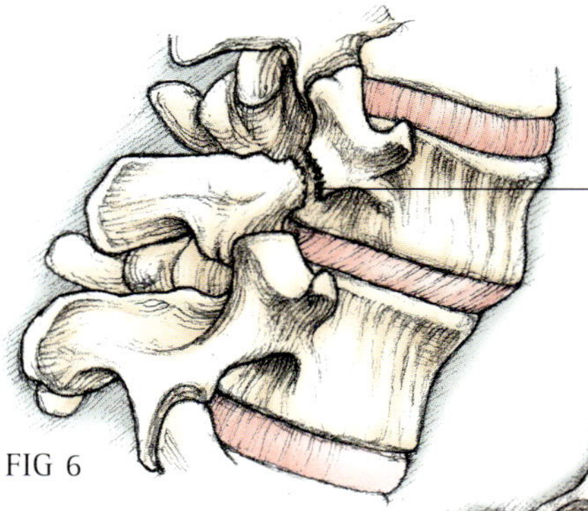

FIG 6

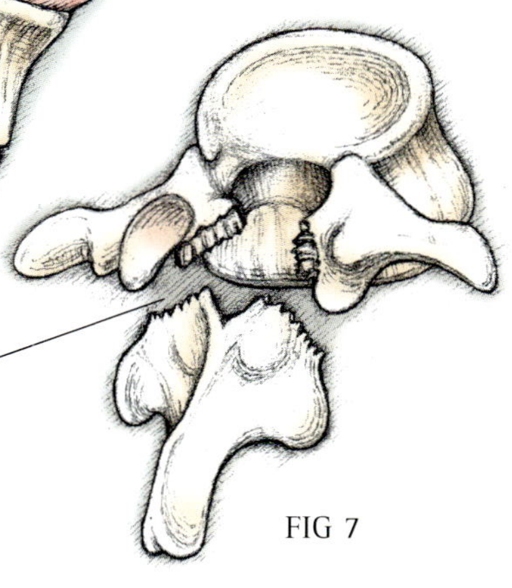

FIG 7

PROBLEMES APRES
UNE OPERATION DU DOS

ETUDE DE CAS 6

Il y a six mois, Mme. Kennedy a été opérée (laminectomie) en raison d'une douleur dans le bas du dos provoquée par une sévère compression d'une racine nerveuse. Voici la façon dont elle évoque son problème : « c'est un peu comme avant l'opération, mais cela va tout de même mieux. J'ai une douleur à la jambe... un peu comme une pression, comme une élongation. C'est bien pire lorsque je reste immobile quelques instants. Le matin, je mets du temps avant de pouvoir bouger normalement. Le fait de pouvoir se lever et de faire des choses, cela aide, mais parfois, lorsque je conduis et que je laisse le pied sur l'accélérateur, c'est très pénible. Ma jambe est comme engourdie. Cependant, je n'ai pas la sensation de fourmillement dans le pied que j'avais avant l'opération. »

PROBLEMES APRES UNE OPERATION DU DOS

Causes : Symptôme fréquent à la suite d'une opération du dos, le raidissement des muscles et des ligaments du dos dû au manque de mouvement peut survenir en raison d'un développement de tissu cicatriciel (fibrose) à la suite d'une laminectomie, qui empêche des mouvements aisés et provoque un « tiraillement » ou une tension dans une zone spécifique. Les structures généralement affectées par le tissu cicatriciel sont les nerfs spinaux.

Il est néanmoins difficile d'établir de façon certaine la cause d'une douleur de dos qui se produit après une opération, et nous vous recommandons de consulter un médecin.

Symptômes : Les symptômes seront différents selon le type de lésion. Suite au raidissement des structures, le dos aura tendance à être douloureux au matin et se détendra au cours de la journée. Les symptômes pourront également se manifester sous forme de douleur irradiante dans la jambe ou de douleur localisée dans le dos. Vous éprouverez invariablement une sensation de contraction ou de tiraillement à la fin des mouvements effectués par le dos. Vous pourrez également ressentir dans la jambe les mêmes symptômes qu'avant votre opération.

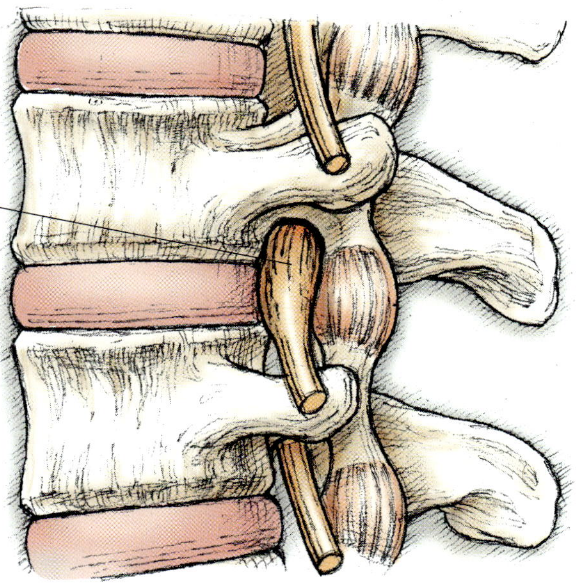

FIG 8

Anatomie : Le tissu cicatriciel fait partie du processus de guérison et son apparition est normale après une opération du dos. Néanmoins, en raison du repos forcé et du manque de mouvement, ce tissu peut souvent nuire à des structures importantes telles que les muscles et les nerfs. Après une laminectomie, dans bien des cas, le nerf spinal s'épaissit à cause d'une fibrose et n'est plus en mesure de glisser en douceur à l'intérieur et à l'extérieur du foramen intervertébral (voir fig. 8). Cela a pour effet de provoquer une douleur au point de tension, ou une douleur irradiante dans la jambe le long de laquelle s'étendent les nerfs.

Prévention : Restez en bonne santé ! Et veillez à réaliser toujours les mouvements de façon correcte. Ne restez pas longtemps dans une même position sans étirer votre dos dans le sens contraire pour soulager la tension. Faites des pauses régulières. Assurez-vous que vous utilisez correctement vos muscles transverses de l'abdomen tout au long de la journée. Votre dos sera plus fragile après une opération. Ménagez-le. Une opération du dos ne doit être effectuée qu'en dernier recours, mais si elle est inévitable, une bonne rééducation est indispensable.

Quand consulter un spécialiste : Si vous avez subi une opération et que vous vous faites à nouveau mal au dos, consultez un médecin. Il établira un diagnostic et vous orientera vers le thérapeute manuel adéquat. Celui-ci vous aidera à détendre les structures et préparera un programme d'exercices destiné à entretenir la mobilité. Le traitement aura pour but de soulager la douleur et d'éviter que le même problème ne se reproduise. Si les symptômes ne sont pas sévères mais qu'ils perdurent, vous pouvez avoir besoin d'un programme d'exercices pour renforcer vos stabilisateurs.

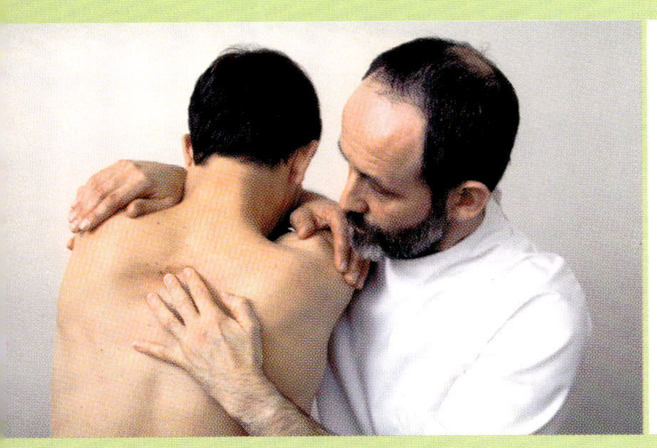

Thérapies et praticiens

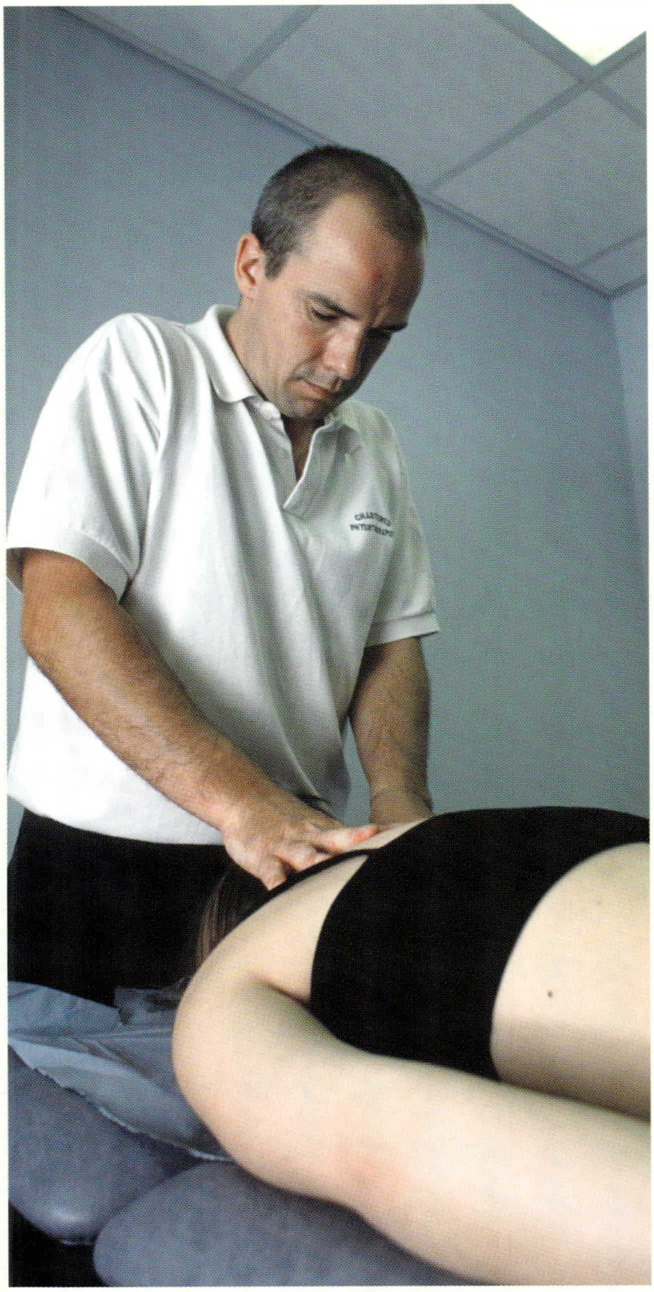

De nombreux praticiens et thérapeutes proposent des solutions pour traiter les problèmes de dos. Certains s'appuient sur la médecine occidentale, tandis que d'autres font appel à des traitements issus des cultures orientales. Ce chapitre présente dans leurs grandes lignes un certain nombre de ces disciplines Cela vous permettra de vous faire une idée sur ce qu'impliquent les différents traitements et sur la façon dont ils peuvent vous aider à prévenir le mal de dos.

LA KINESITHERAPIE

La kinésithérapie est un type de traitement médical lié aux sciences du mouvement et s'occupant de la fonction de nombreux systèmes corporels. Les kinésithérapeutes évaluent les problèmes musculo-squelettiques et l'impact de la lésion, de la maladie ou du trouble sur le mouvement. Ils utilisent des méthodes physiques pour favoriser la guérison et le rétablissement du mouvement et travaillent souvent en étroite collaboration avec les médecins.

Un kinésithérapeute sera en mesure d'évaluer vos déséquilibres et problèmes potentiels et pourra concevoir des programmes d'exercices destinés à vos problèmes spécifiques. Il utilisera des techniques pour manipuler les tissus mous (muscles et ligaments), les articulations, le fascia et les nerfs, et il fera appel à des exercices destinés à améliorer vos mouvements et votre posture. Les kinésithérapeutes suivent une formation moderne leur permettant de concevoir des séances préventives et thérapeutiques. Ils ne se contentent pas de traiter un problème spécifique ; ils encouragent leurs patients à prendre en main leur santé et à participer activement à leur traitement.

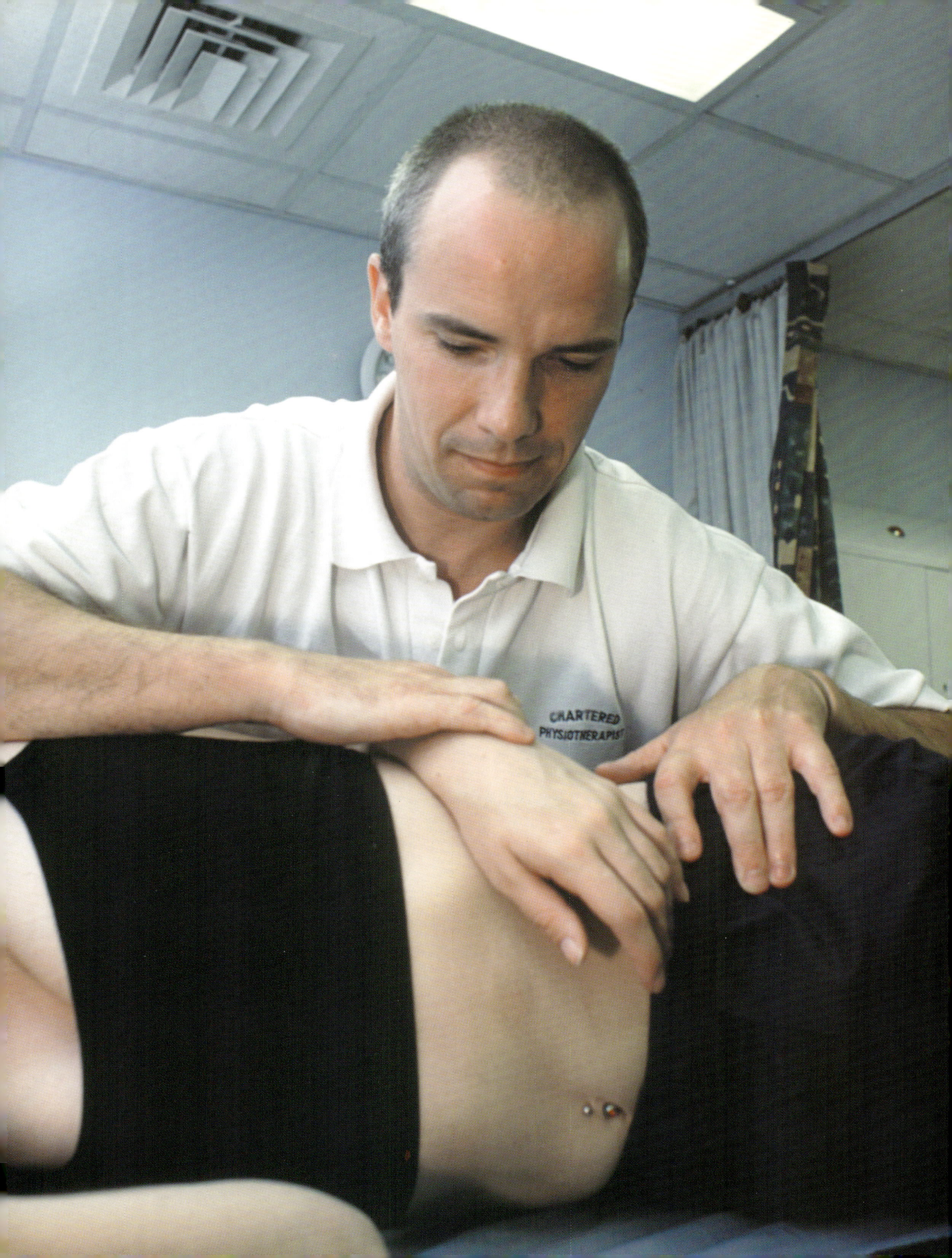
CHARTERED
PHYSIOTHERAPIST

LA CHIROPRACTIE

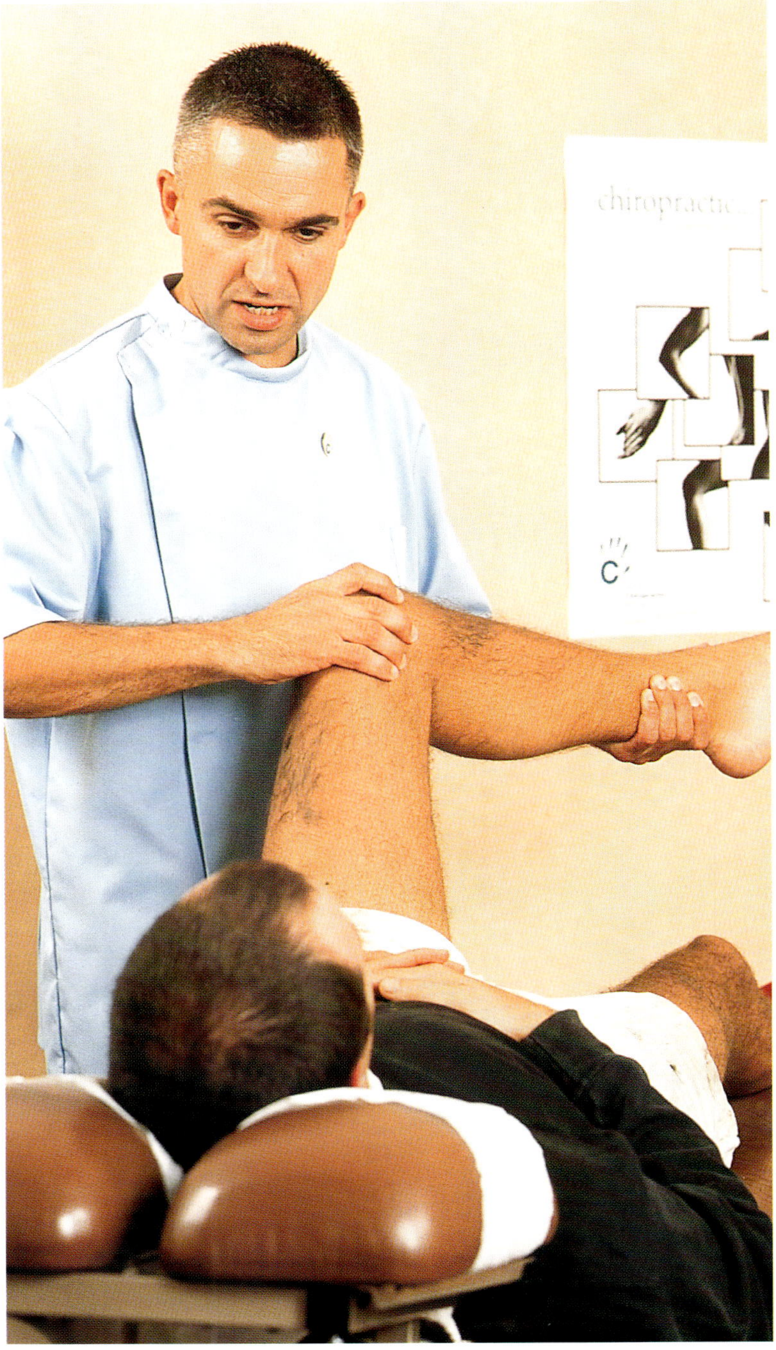

La chiropractie est une discipline dont le but est de préserver la santé et de prévenir les maladies. Les chiropracteurs considèrent l'individu comme un tout, mais s'intéressent particulièrement à la biomécanique de la colonne vertébrale, ainsi qu'aux relations musculo-squelettiques, neurologiques, vasculaires et nutritionnelles. Ils s'occupent essentiellement d'affections liées au système neuro-musculo-squelettique ; par conséquent, les maladies généralement traitées sont associées, entre autres, à des foulures et des entorses, des maux de tête, des problèmes de disques, des sciatiques et de l'arthrite.

L'un des « outils » de base du chiropracteur est l'ajustement chiropratique. Grâce à une manipulation vertébrale, le chiropracteur peut diriger, doucement et adroitement, une force spécifique pour rétablir le mouvement normal d'une articulation jusque-là limité par des muscles ou des adhérences fibreuses. Les signaux nerveux provoqués par cette limitation, qui crée une interférence avec le fonctionnement normal, peuvent alors être éliminés. Lorsque le mouvement normal est rétabli, d'autres systèmes et structures qui ont dû compenser en raison du problème peuvent revenir à la normale.

Des études ont montré que les techniques manuelles peuvent déclencher la libération d'analgésiques naturels nommés endorphines et que l'enflure, l'inflammation et la douleur peuvent décroître de manière significative à la suite d'un ajustement. Les effets d'un ajustement chiropratique peuvent être ressentis à des distances importantes du point où il a été effectué : par exemple, élimination d'un mal de tête chronique après un ajustement des vertèbres du bas du dos. Comme l'approche du chiropracteur est conservatrice et se veut aussi peu invasive que possible, plusieurs ajustements sur une période donnée peuvent être nécessaires pour rétablir l'équilibre d'une zone affectée.

L'OSTEOPATHIE

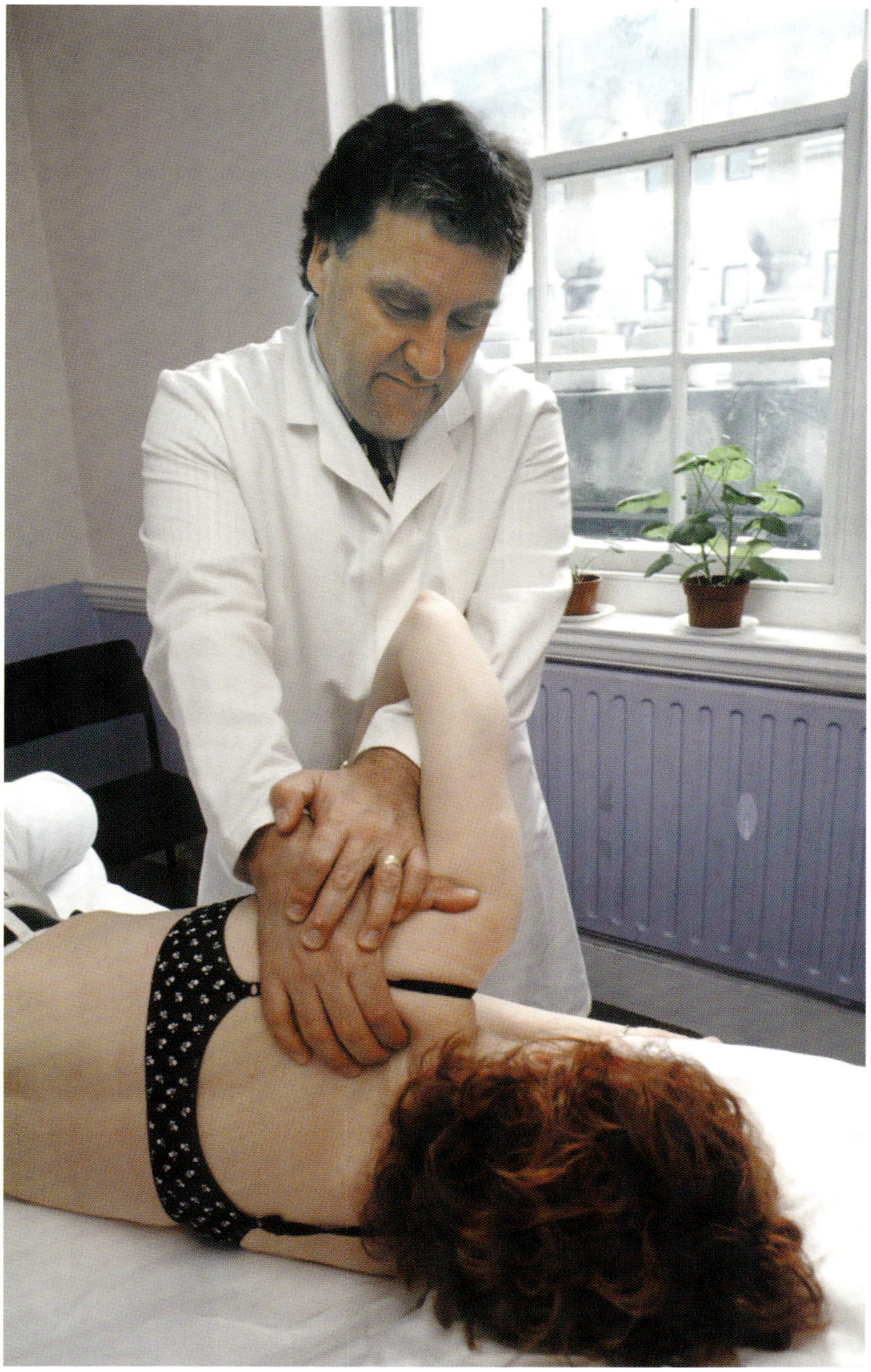

Vers la fin du XIXe siècle, aux États-Unis, le docteur Andrew Taylor Still découvrit les principes sur lesquels l'ostéopathie allait se fonder. C'est d'ailleurs le docteur Still lui-même qui associa le terme « ostéopathie » à ses découvertes. L'ostéopathie est une médecine naturelle qui repose essentiellement sur le diagnostic et le traitement manuel de dysfonctionnements résultant d'une perte de mobilité des structures musculo-squelettiques. Elle a pour but de rétablir le fonctionnement de l'organisme en traitant la cause de la douleur et du déséquilibre. Pour atteindre ce résultat, l'ostéopathe utilise les palpations, les massages et les techniques de manipulation, et travaille sur la position et la mobilité des structures. Un ostéopathe peut développer un programme d'exercices destinés à améliorer votre posture et le traitement comporte une partie éducative concernant la prévention des problèmes.

L'ostéopathie crânienne, également appelée thérapie crânio-sacrée ou TCS, est une autre méthode de traitement qui procède de l'ostéopathie. Elle met l'accent sur le système nerveux, et particulièrement les membranes et le liquide (liquide céphalorachidien, ou LCR) qui entourent le cerveau et la moelle épinière. Le LCR fluctue légèrement, de façon rythmique, et en fonction de ses fluctuations, des mouvements d'expansion et de rétraction se produisent dans d'autres parties du corps. Un rythme normal est associé au système de récupération propre au corps et se trouve affecté par le rythme du cœur et de la respiration. Les thérapeutes disent pouvoir sentir les anomalies ou les blocages dans les mouvements et utilisent des pressions douces sur les os du crâne, de la colonne vertébrale, de la poitrine, de la cage thoracique, des bras et des jambes pour modifier les impulsions et rétablir un rythme normal.

LE ROLFING ET L'INTEGRATION STRUCTURALE

L'intégration structurale, nommée également Rolfing, a été développée par le docteur Ida Rolf, une Américaine, il y a quelque 50 ans. Il s'agit d'une thérapie alternative reposant sur une manipulation en profondeur des tissus et une réhabilitation du mouvement destinées à mettre en adéquation l'alignement du corps et les lois de la gravité.

Le Rolfing n'est pas un remède destiné à une maladie ou à un problème physique concrets ; c'est plutôt une approche systématique qui vise à rétablir l'équilibre du corps tout entier. Cette approche part du principe que le tissu conjonctif (fascia) forme un réseau ininterrompu parcourant l'ensemble du corps et qu'il peut être manipulé et remodelé. Le docteur Rolf pensait que ce remodelage était nécessaire du fait que le corps, à la longue, n'était plus correctement aligné par rapport à la gravité. Lorsque cela survient, ce sont les muscles plutôt que les os qui supportent la force de la gravité. Le fascia perd de sa flexibilité et de sa souplesse ; il se comporte finalement davantage comme une « bande de fixation » et les muscles s'atrophient ou se rétrécissent.

Le traitement consiste généralement en une série de 10 séances hebdomadaires de 60-90 minutes chacune. Au cours de ces séances, le praticien exerce des pressions avec le bout des doigts, les mains, les jointures et les coudes et remodèle le fascia du corps de son patient jusqu'à ce qu'il redevienne élastique et flexible. L'assouplissement des adhérences du fascia permet aux muscles de reprendre leur forme naturelle et de retrouver leur alignement normal. Il permet aussi de récupérer une plus grande liberté de mouvement.

Les avantages du Rolfing peuvent être : le soulagement de la douleur, la possibilité de mouvements plus amples, une meilleure capacité respiratoire et une meilleure compréhension du corps. Bien que les praticiens ne cherchent pas à soigner des maladies spécifiques, de nombreuses personnes prétendent que cette technique soulage les problèmes chroniques du dos, ainsi que les douleurs du cou, des épaules et des articulations.

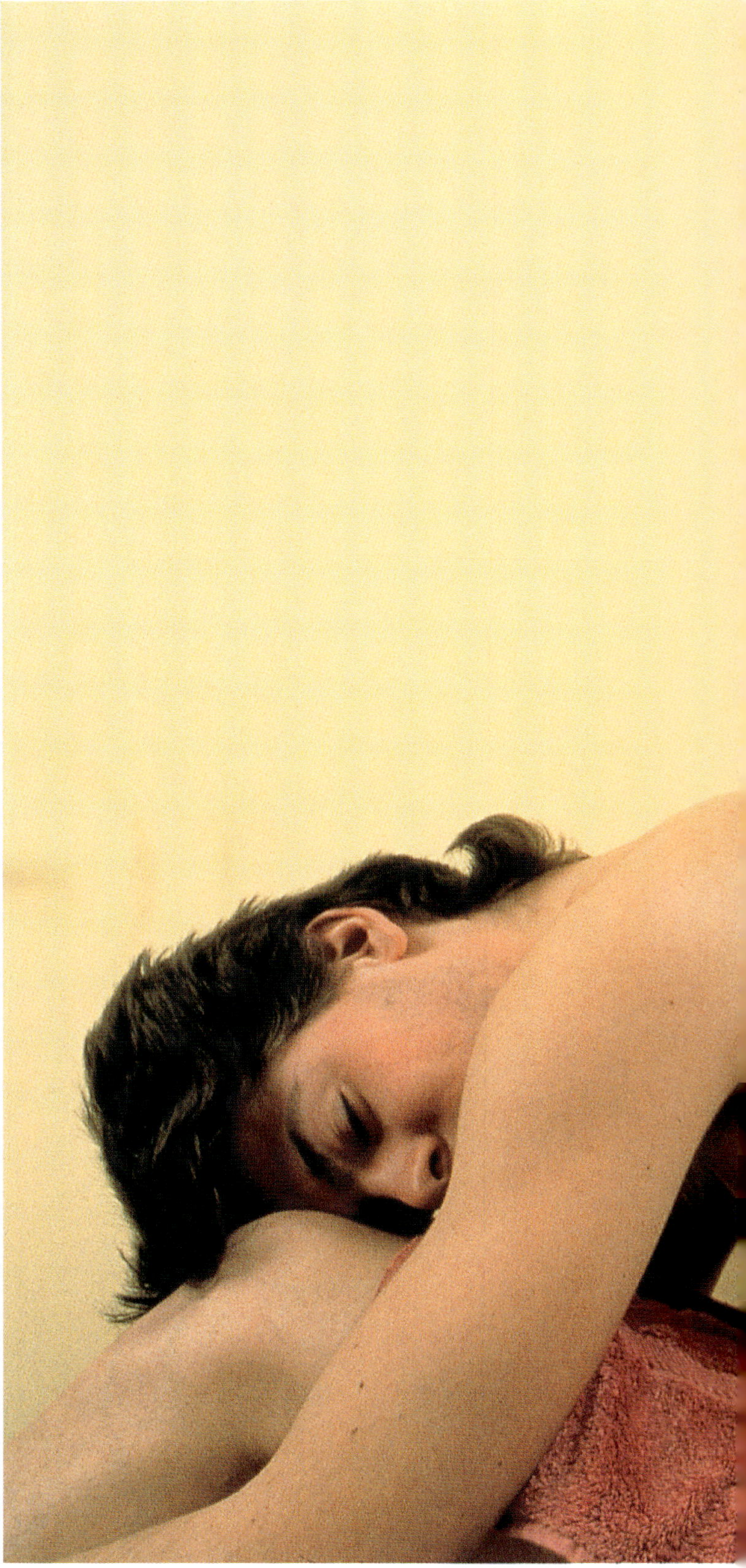

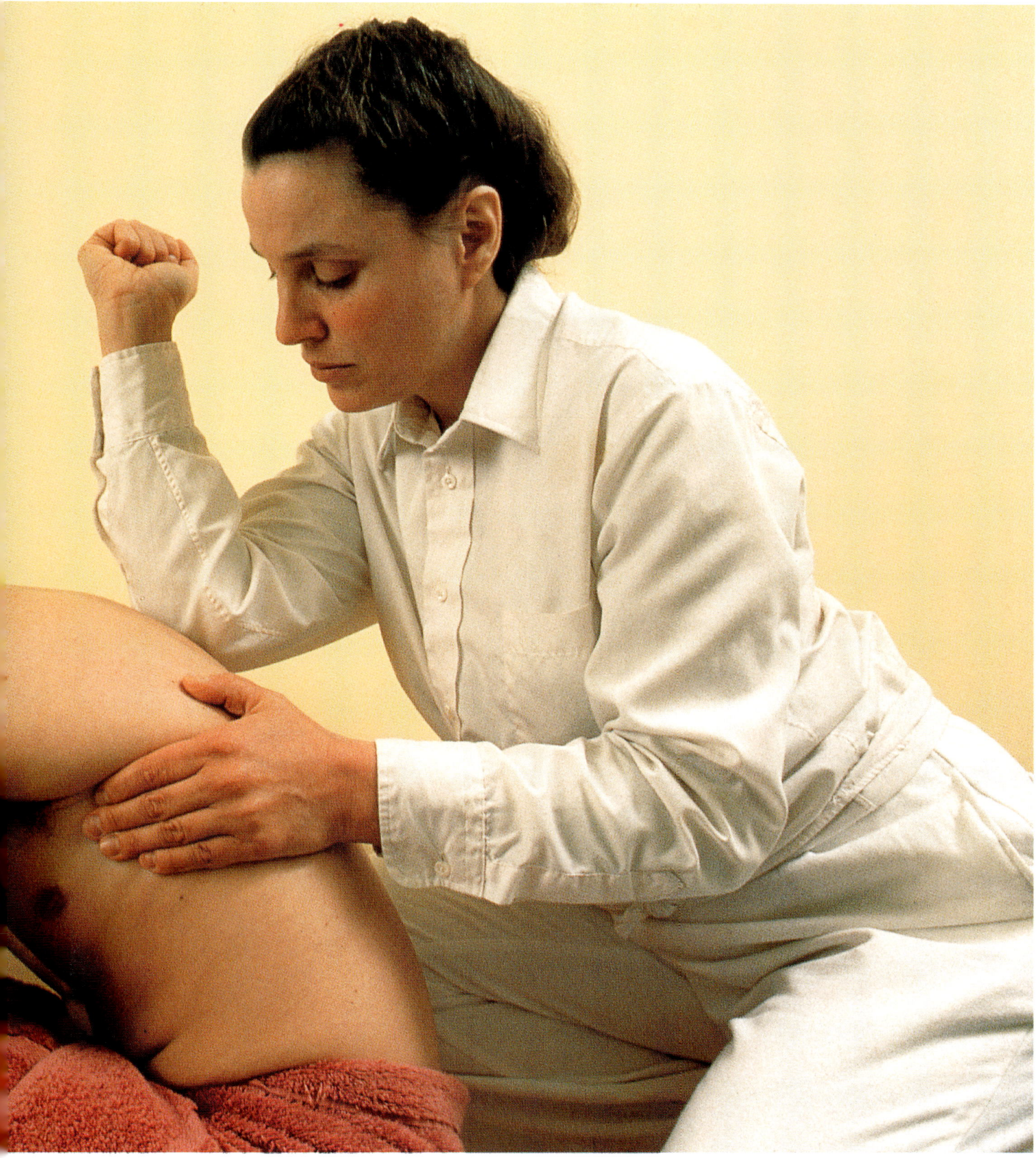

LE HELLERWORK

Le Hellerwork a été nommé ainsi d'après le nom de son créateur, Joseph Heller, un ingénieur qui fut aussi l'un des premiers partisans du Rolfing. Dans les années 70, Heller s'éloigna de la pratique du Rolfing pour développer sa propre thérapie de massage en profondeur des tissus. Il pensait que la seule manipulation ne suffisait pas et sentait qu'elle ne donnait pas de résultats durables à long terme. Heller conçut alors une approche thématique et structurée consistant en 11 séances qui mettaient l'accent aussi bien sur le corps que sur l'esprit. Le traitement comporte une facette éducative qui enseigne aux patients à se mouvoir correctement et qui les encourage à examiner l'importance et l'incidence des habitudes et des émotions sur leur santé.

Tout comme le Rolfing, le Hellerwork utilise la manipulation pour rétablir l'équilibre original du corps. Lors des trois premières séances, le praticien exerce des pressions au moyen de ses mains, de ses doigts, et parfois même de ses coudes, travaillant sur la zone de la poitrine pour favoriser une respiration plus naturelle. Le praticien engage également une discussion avec son patient portant sur certains états émotionnels susceptibles d'affecter la respiration.

Les quatre séances suivantes constituent ce qui est généralement considéré comme le « cœur » du traitement. Elles portent sur la manipulation et l'assouplissement des muscles des jambes, de la région pelvienne, de la colonne vertébrale, du cou et de la tête. Les quatre dernières séances ont pour objectif d'établir un lien entre les réalignements physiques menés à bien grâce aux manipulations et la conscience qu'a le patient des problèmes émotionnels susceptibles d'avoir un impact sur le corps. À la fin du programme, les patients n'auront pas simplement appris à s'asseoir, à se tenir debout et à marcher correctement, ils auront également pris conscience de l'importance d'un mouvement correctement exécuté.

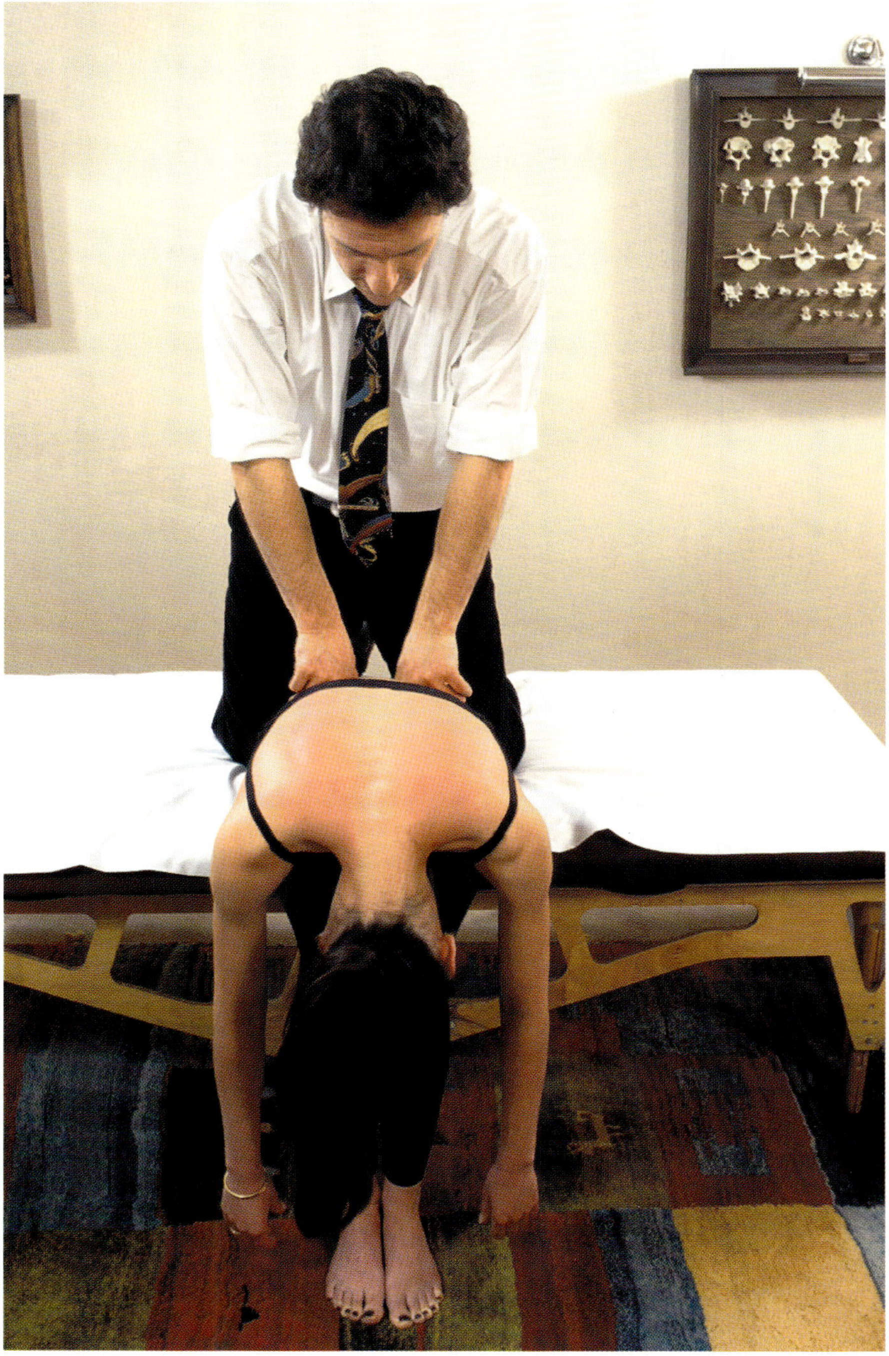

LA METHODE FELDENKRAIS

La méthode Feldenkrais est une forme de prise de conscience et de contrôle du corps qui peut être utile aux personnes souffrant de problèmes neurologiques et musculo-squelettiques. C'est aussi un moyen de faire diminuer le stress et d'accroître la conscience de soi, l'estime de soi et le bien-être général.

La méthode Feldenkrais est une thérapie préventive, et non un traitement. Elle repose sur une idée évidente, mais que nous ignorons trop souvent. Le corps tend à prendre l'habitude de faire les choses d'une certaine façon (qu'il s'agisse de s'asseoir devant un ordinateur, de prendre un enfant dans ses bras ou de rester debout dans la cuisine pour émincer un oignon). Or, même si les mouvements réalisés sont efficaces, ils sollicitent généralement notre organisme plus qu'il n'est nécessaire. Nous ne réalisons donc souvent pas que nous tendons certaines parties du corps inutilement ou que, en nous efforçant de protéger une zone fragilisée, nous sollicitons bien trop d'autres parties.

Au cours des séances Feldenkrais, les participants sont amenés à prendre conscience de la façon dont ils se tiennent debout, dont ils se hissent pour atteindre les objets, dont ils se tournent ou dont ils se penchent. Ils apprennent à mettre en œuvre des alternatives plus prudentes, tout aussi efficaces et qui n'ont aucune répercussion sur d'autres parties du corps. L'objectif de ces séances est de développer la conscience des participants de sorte que ces principes puissent être appliqués aux mouvements quotidiens.

LA TECHNIQUE ALEXANDER

Développée en 1904 par le comédien australien Frederick Matthias Alexander, cette technique est destinée à rectifier et à corriger les mauvaises habitudes posturales afin de soulager la tension musculaire et de permettre au corps de se mouvoir avec plus de facilité et d'efficacité.

Remarquant que sa respiration et sa voix étaient affectées négativement par la façon rigide dont il se tenait sur scène, Alexander développa un système simple destiné à rétablir l'équilibre entre la tête, le cou et le dos ; ce système n'eut pas simplement pour effet d'améliorer ses prestations, il contribua également à améliorer sa santé en général. Cette technique repose sur le principe que l'esprit et le corps fonctionnent comme un tout. Selon Alexander, les mauvaises habitudes posturales que l'on adopte au fil du temps peuvent provoquer une grande partie des douleurs que l'on éprouve au quotidien. Ceci est attribué aux déséquilibres provoqués par le mauvais positionnement de la tête par rapport au cou et au torse, qui entraîne des efforts musculaires déplacés et inefficaces, ainsi qu'une tension musculaire inutile.

Les praticiens, qui jouent plutôt le rôle de professeurs, s'efforcent de supprimer ces mauvaises habitudes enracinées et de les remplacer par les mouvements corrects et naturels de la petite enfance. Ils s'appuient pour ce faire sur un processus de rééducation mis en œuvre au cours de séances en tête-à-tête se déroulant plusieurs fois par semaine. La façon dont l'élève utilise son corps est étudiée et le professeur lui permet de prendre conscience des tensions musculaires, de ses positions, ainsi que des formes correctes de mouvement. L'objectif est de faire en sorte que ces nouveaux mouvements corrects deviennent naturels. Cette technique rencontre un grand succès auprès des artistes (comédiens, danseurs, chanteurs...) qui souhaitent améliorer leurs prestations et éviter de se faire mal.

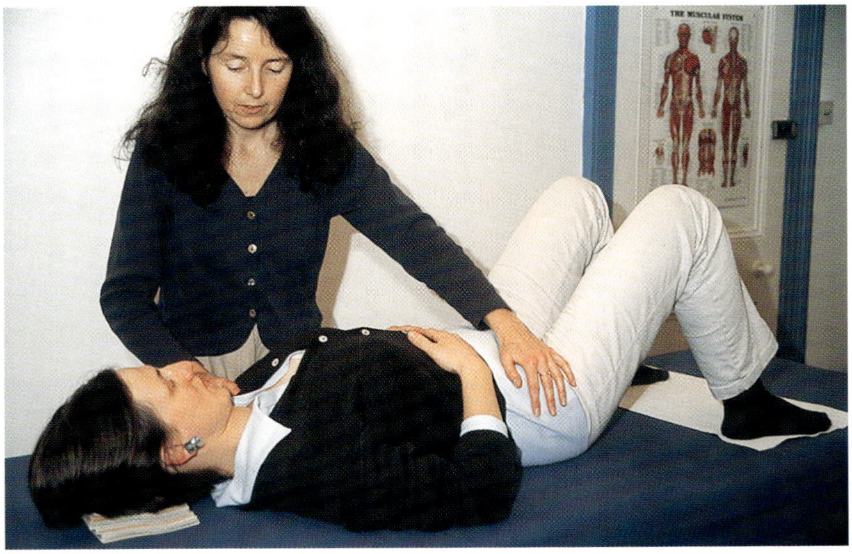

LE YOGA

Le terme « yoga » vient du sanskrit et signifie « unir » ou « harmoniser ». Le yoga est une discipline psychologique, physiologique et spirituelle qui fait partie de la culture indienne depuis des milliers d'années. Les anciens yogis développèrent ce système comme un moyen de vivre en harmonie avec soi-même et avec l'environnement. Grâce au travail sur le corps et la respiration, ils pensaient pouvoir parvenir à la maîtrise de l'esprit, des émotions et atteindre le bien-être général.

Le yoga est une philosophie et un « art de vivre ». C'est aussi un système permettant de rester en forme à long terme qui cultive le sens du bonheur et de l'épanouissement. Il enseigne à chacun à puiser dans ses réserves d'énergie et à générer la santé et le bonheur de l'intérieur. Le yoga renforce la santé et la jeunesse du corps, ainsi que la clarté de l'esprit. Aussi une pratique régulière peut-elle aider à lutter contre les effets physiques du vieillissement, à réduire le stress, les tensions et à améliorer les positions, les mouvements et l'équilibre.

Les différentes positions du yoga sont conçues pour être utiles à toutes les structures, tous les systèmes et tous les organes. Les exercices de flexibilité peuvent aider à prévenir et/ou à soulager la tension musculaire, tandis que l'utilisation d'une respiration profonde et contrôlée aide à lutter contre la mauvaise respiration liée au stress. Le yoga propose un grand nombre d'exercices destinés à l'étirement, au renforcement, à la tonification et à la santé du corps tout entier. Il favorise également un état de calme mental et de stabilité émotionnelle. Selon le yoga, la santé est avant tout un état intérieur. Cela signifie que la santé des nerfs, des glandes et des organes vitaux détermine la manière dont on semble et dont on se sent en bonne santé. Le yoga n'est pas fondé sur la compétition ; il permet à chacun de travailler en fonction de ses limites.

LA METHODE PILATES

Né en Allemagne en 1880, Joseph Pilates fut un enfant délicat qui souffrait d'asthme, de rachitisme et de rhumatismes articulaires aigus. Résolu à devenir plus résistant, il s'appliqua à rebâtir son corps et son esprit au moyen de pratiques diverses incluant le yoga, le zen et des exercices gréco-romains... Ce traitement fonctionna et il devint un sportif accompli (gymnaste, skieur, boxer, plongeur...).

Résidant en Angleterre durant la Deuxième Guerre mondiale, Pilate devint infirmier. Il conçut alors un système qui consistait à disposer des ressorts sur des lits d'hôpital afin de permettre à des patients immobilisés de recouvrer leur force et leur mobilité. Ces expériences permirent à Pilates de comprendre l'importance d'exercer la région abdominale et les muscles du dos pour stabiliser le torse et permettre au corps tout entier de bouger plus librement. Elles furent à la base de sa méthode de conditionnement physique et des équipements spécifiques destinés aux exercices.

La méthode Pilates est une forme de travail de renforcement et de flexibilité que l'on peut réaliser sans que la condition physique préalable ne soit déterminante. Elle vise à atteindre une sensation de bien-être physique et mental et développe également une profonde conscience de son propre corps. Elle aide à prévenir et à traiter les lésions, à améliorer la posture et à accroître la flexibilité, la circulation et l'équilibre.

Un traitement peut comporter de 10 à 30 séances. Lors de la première rencontre, un instructeur analyse la posture et les mouvements du client et conçoit un programme qui lui est spécifiquement destiné. Joseph Pilates développa plus de 500 exercices ; beaucoup d'entre eux mettent l'accent sur la concentration, la stabilité, la fluidité des mouvements et la respiration. Les principales machines utilisées par la méthode Pilates sont, outre un certain nombre de petits accessoires, l'*Universal Reformer* et le *Cadillac*. Le *Reformer* ressemble à un sommier de lit pour une personne, équipé d'un chariot se déplaçant et de ressorts réglables servant à modifier la tension et la résistance de l'appareil.

Grâce à une série de câbles, de barres, de courroies et de poulies, les exercices peuvent être réalisés dans un grand nombre de positions. Les instructeurs travaillent généralement avec leur client sur ces machines durant 20 à 45 minutes au cours desquelles ils observent et donnent des conseils concernant l'alignement, la respiration et la précision des mouvements.

Lorsque les bases ont été apprises auprès d'un instructeur, il est possible de travailler chez soi en utilisant des cassettes vidéo. Il existe des appareils destinés au travail à la maison et beaucoup d'exercices peuvent être réalisés sur un tapis.

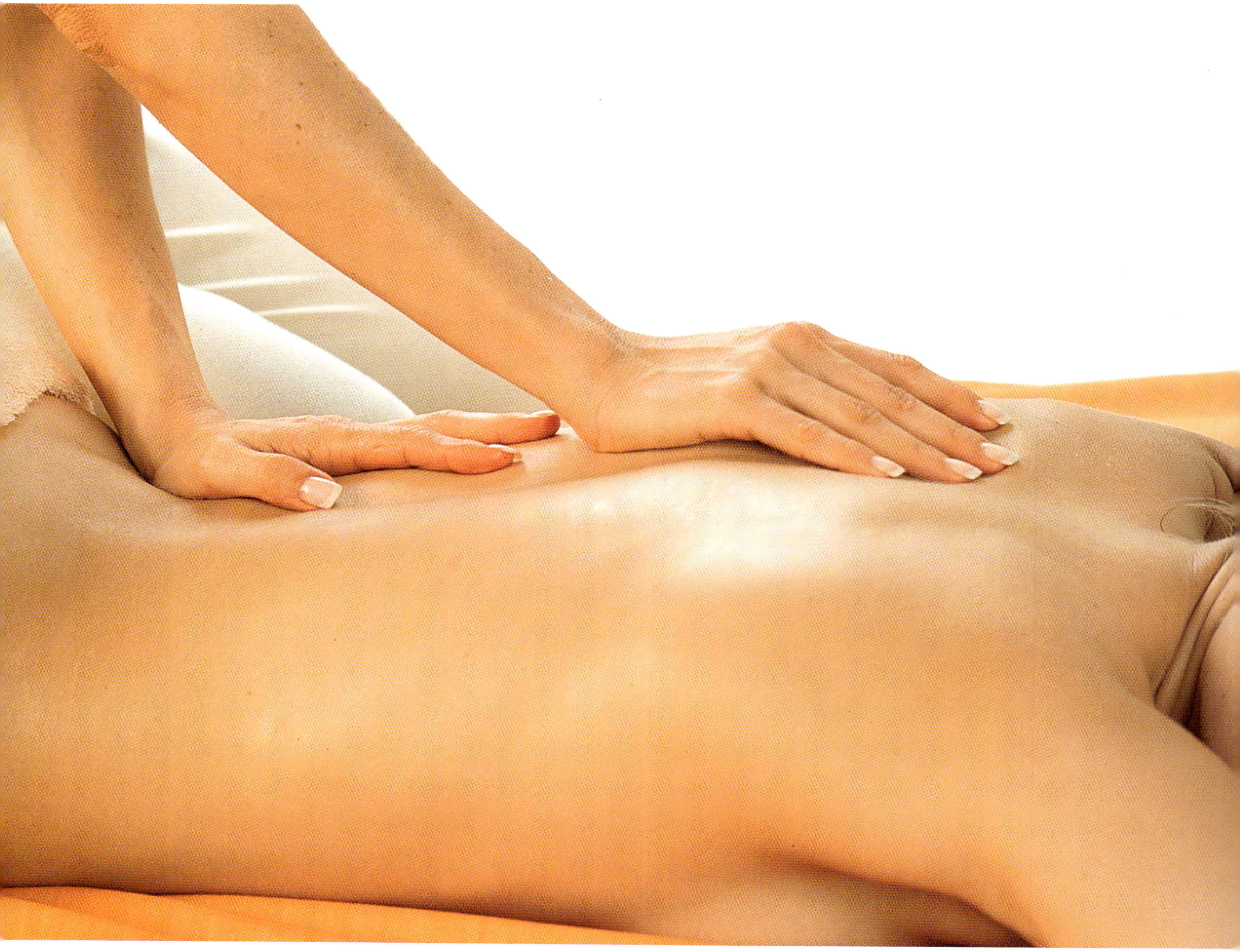

LE MASSAGE SUEDOIS

Le massage thérapeutique existe depuis plus de 5000 ans et a été pratiqué aussi bien en Égypte qu'en Grèce ou à Rome ; mais le massage suédois, aujourd'hui largement répandu en Occident, a été popularisé par Per Hendrik Ling au début du XIXe siècle. Ling fut le fondateur du Royal Gymnastic Central Institute de Stockholm. Il utilisa ses connaissances de la gymnastique, de l'anatomie et de la physiologie, ainsi que les anciennes pratiques gréco-romaines, chinoises et égyptiennes, pour développer une méthode de massage moderne.

Le massage est une forme de thérapie qui met en œuvre la manipulation des tissus mous du corps (peau, tendons, ligaments et muscles). Bien que l'on pense parfois que les os ne sont pas affectés par le massage, il n'en est rien. Un muscle tendu peut exercer une tension sur un os, puisque ce dernier est « tiré » par le muscle. Par ailleurs, la circulation vers les articulations est réduite, du fait que les capil-

laires et les veines sont soumis à une pression, un peu à l'image d'un tuyau d'arrosage pincé. Le corps a besoin de tout l'oxygène possible, et celui-ci est transporté à travers le sang par les veines, les artères et les capillaires. Lorsque se produit un massage stimulant, l'apport des substances nécessaires est favorisé grâce à l'élimination des toxines ou à l'arrivée de sang fraîchement oxygéné jusqu'à la zone massée. Inversement, un massage doux a pour effet de détendre et aide à réduire l'excès de stress émotionnel et physique, des facteurs qui aggravent ou augmentent les tensions et les douleurs du dos.

LE MASSAGE THAÏLANDAIS

Le massage thaïlandais est une ancienne technique de la médecine traditionnelle thaïlandaise et s'inspire de la médecine ayurvédique indienne et du yoga. Le massage thaïlandais traditionnel combine des mouvements doux, des pressions rythmiques des doigts et des étirements assistés pour détendre et revitaliser le corps et l'esprit.

Les lignes d'énergie du corps sont au centre du massage thaïlandais. Bien qu'elles soient semblables aux méridiens de l'accupression chinoise, les lignes d'énergie du massage thaïlandais, nommées *sen*, sont censées circuler à travers le corps tout entier et ne sont par conséquent pas associées à un organe spécifique. La masseuse exerce une pression sur les lignes d'énergie et sur les points de pression se trouvant le long de ces lignes en utilisant la paume des mains, les pouces, les pieds et, parfois, les coudes. Cette thérapie par la pression est combinée avec des mouvements d'étirement passif qui détendent le corps, soulagent la tension et renforcent la flexibilité.

Questions & Réponses

Les pages qui suivent recueillent certaines des questions les plus fréquentes que l'on se pose à propos du dos, ainsi que les réponses apportées par une équipe de thérapeutes manuels.

Q Je n'ai pas mal au dos en ce moment, mais cela m'est déjà arrivé à plusieurs reprises par le passé. Que puis-je faire pour éviter que cela ne se reproduise ?

R Il est indispensable de prendre soin de son dos en permanence, et pas seulement lorsque nous avons mal. En veillant à maintenir une position correcte lorsque vous réalisez différents types d'activités (et surtout si vous devez soulever du poids), il est probable que vous parviendrez à éviter d'avoir mal au dos à l'avenir. (Reportez-vous au Chapitre 5 – Les bonnes positions).

Il est également conseillé de se maintenir en bonne forme. Une surcharge pondérale constitue une sollicitation supplémentaire pour le dos et vous devriez faire en sorte de ne pas prendre trop de poids, ou d'en perdre si vous avez déjà des problèmes de poids. Vous pouvez aussi envisager de consulter un thérapeute manuel qui saura concevoir un programme d'exercices destinés à traiter les parties de votre corps les plus faibles. Reportez-vous également aux exercices du Chapitre 3 ; ils vous aideront à mobiliser votre dos avant d'entamer la journée et à renforcer le muscle stabilisateur le plus important de la colonne vertébrale : le transverse de l'abdomen.

N'attendez pas que le prochain mouvement soit à l'origine d'un mal de dos. Parfois, le mal de dos apparaît brusquement et sans raison apparente. Si cela se produit, c'est probablement l'effet d'un processus dégénératif présent depuis des années mais dont vous n'êtes tout simplement pas conscient. Prenez soin de votre dos en bougeant correctement et en surveillant votre position ; cela retardera les modifications dégénératives et pourra prévenir la douleur. Si vous avez déjà eu des crises de mal de dos, sans doute savez-vous ce qui les a provoquées. Il serait donc judicieux d'éviter ces activités ou de prévoir un traitement, qu'il s'agisse d'exercices ou de manipulations réalisées par un thérapeute manuel.

Q Je passe de longues heures à mon bureau, penché sur mon clavier d'ordinateur. Que puis-je faire pour prévenir les raideurs et les douleurs sourdes que je ressens dans le dos et les épaules à la fin de la journée ?

R Dans beaucoup d'entreprises, il est malheureusement difficile de parler des conditions de travail. Dans la plupart des cas, les employeurs ne prêtent qu'une oreille distraite à leurs personnels lorsque ces derniers se plaignent d'un siège inconfortable ou d'un bureau trop bas. Vous pouvez néanmoins faire en sorte que vos conditions de travail soient aussi favorables que possible. Veillez surtout à votre position, à la disposition des objets et à votre rythme de travail. Lorsque l'on reste dans la même position plusieurs heures durant, il est important d'adopter une position correcte. (Reportez-vous à la page 74 pour savoir quels principes respecter lorsque vous travaillez devant un ordinateur.) Prenez également soin de disposer convenablement le matériel avec lequel vous allez travailler. Si vous utilisez un clavier et que vous êtes constamment devant un écran d'ordinateur, assurez-vous que ce der-

nier est placé à la bonne hauteur et que votre clavier est à une distance convenable (tous ces points sont abordés aux pages 74-75). Cependant, même une position correcte peut devenir inconfortable lorsqu'elle est prolongée. Aussi, faites des pauses fréquentes. Levez-vous de votre chaise toutes les 20 ou 30 minutes et faites quelques pas dans votre bureau ou votre espace de travail. Réalisez quelques exercices simples pour le cou (voir pages 66-67) pour soulager un peu la tension de votre cou et de vos épaules.

Beaucoup d'entre nous ont la mauvaise habitude de téléphoner en maintenant le combiné entre le cou et l'épaule. Cela soumet les structures du cou à des efforts importants et doit être évité à tout prix. Si vous recevez un appel, essayez de libérer l'une de vos mains ou faites l'acquisition d'un kit mains-libres.

Q On m'a dit de faire des exercices pour améliorer mon tonus musculaire et renforcer les muscles qui soutiennent mon dos. Le seul exercice qui me plaise est la natation, mais depuis que je nage, j'ai régulièrement des douleurs au cou et au dos

R La natation est un excellent exercice, car elle permet de renforcer les muscles sans que les articulations n'aient à supporter un poids. Cela convient particulièrement dans le cas de maladies arthritiques pour lesquelles les articulations doivent être mobilisées sans que ne s'exerce sur elles aucune pression ; la gymnastique aquatique, dans ce cas, peut être également bénéfique.

Cependant, la natation peut aussi accentuer les douleurs au cou si la tête est maintenue en permanence en dehors de l'eau. C'est souvent ce qui se produit pour les nageurs qui privilégient la brasse. Il important que vous appreniez à nager en maintenant le visage dans l'eau — en maintenant de la sorte votre colonne cervicale alignée avec vos vertèbres lombaires — et en ne le relevant que pour respirer. Vous pouvez également envisager de pratiquer le dos crawlé ou la nage libre.

Le cyclisme est une autre forme d'exercice susceptible d'aggraver les douleurs de cou, car votre tête reste dressée pour vous permettre de voir où vous allez. Abaissez votre selle ou rehaussez votre guidon ; cela pourra réduire la tension que doit supporter votre cou durant cette activité. Souvenez-vous que toute position maintenue longtemps peut amener des tensions musculaires susceptibles de provoquer des douleurs, et qu'un mouvement constant, ou un changement de position, est nécessaire.

Q Mon mari a le sommeil léger et se réveille parfois avec une sensation de raideur dans le cou, au point qu'il a du mal à tourner la tête. Il ne veut pas consulter un médecin. Heureusement, cela finit toujours par se passer au bout de quelques jours. Ce problème de douleur peut-il être lié à sa façon de dormir ?

R Ce problème, nommé communément torticolis, est assez fréquent chez les adultes comme chez les enfants. Beaucoup de gens remuent de façon importante durant leur sommeil. Il est alors possible qu'ils placent le cou dans une position peu naturelle qui exerce une tension sur les muscles cervicaux et/ou les articulations. Par ailleurs, durant le sommeil profond, le sommeil paradoxal, les muscles se détendent au point que le cou peut adopter une position malcommode, ce qui peut également provoquer des douleurs. Si le cou reste plusieurs heures dans cette position, il est probable que l'une des facettes articulaires cervicales soit légèrement déplacée et qu'elle ne puisse revenir à sa position de repos. Un traitement physique (massage, kinésithérapie ou application de chaleur) accélérera certainement le processus de guérison, mais dans la plupart des cas, la douleur persistera quelques jours (jusqu'à une dizaine de jours dans certains cas). Si la douleur ne s'apaise pas, ou si une douleur irradiante est perceptible dans les bras ou les mains, il est conseillé de consulter un médecin ou un thérapeute manuel..

Q J'ai été victime d'un accident de voiture sans gravité il y a environ six mois et j'ai eu un « coup du lapin ». J'ai porté un collier cervical pendant trois semaines et mon médecin m'a assuré que cela suffirait, mais j'ai encore souvent mal au cou. Pourquoi ?

R Le « coup du lapin » est une lésion du cou provoquée par un brusque va-et-vient de la tête restée dépourvue de soutien. Les accidents de voiture sont à l'origine de la plupart des « coups du lapin », et ce traumatisme est le plus souvent subi à la suite d'un choc sur le côté ou par l'arrière. Ce que bien des gens ignorent, c'est que l'impact sur le conducteur ou le passager est généralement deux fois et demie plus important que l'impact sur le véhicule. On a souvent tendance à croire que si le véhicule est peu endommagé, ses occupants ne seront que peu affectés par le choc.

Les études réalisées indiquent que des modifications rapides de la pression exercée sur la colonne vertébrale endommagent les nerfs. Dans des cas extrêmes, il peut se produire une fracture ou une dislocation de la colonne vertébrale et une intervention chirurgicale est alors nécessaire. Lors de chocs moins violents, les victimes peuvent éprouver des tensions musculaires modérées mais continuer à présenter des symptômes (maux de tête, douleurs dans la région lombaire, mal au cou, nausées, vertiges, fourmillements...) durant plusieurs mois après l'accident. Les antalgiques peuvent soulager la douleur, mais dans la plupart des cas, il est conseillé de suivre un traitement auprès d'un kinésithérapeute ou d'un ostéopathe. Les tissus mous endommagés ou déchirés à la suite d'un « coup du lapin » peuvent perdre de leur flexibilité lors du processus de guérison. Un thérapeute qualifié utilisera des techniques manuelles pour mobiliser les articulations et les muscles contractés qui provoquent douleur et sensation de gêne.

Une bonne mesure préventive consiste à s'assurer que

les appuie-tête de la voiture sont réglés à la bonne hauteur. Ils doivent au moins se trouver aussi haut que le centre de gravité de la tête, c'est-à-dire juste au-dessus des oreilles. Un appuie-tête à la hauteur du cou peut aggraver les dommages provoqués par le choc, car il accroît les effets du « coup du lapin ».

Q La dépression peut-elle constituer un facteur aggravant au mal de dos ?

R Les troubles psychologiques et physiques entretiennent souvent d'étroites relations et il n'est pas rare qu'une dépression se manifeste par une douleur, et en particulier par un mal de dos. Lorsque vous êtes fatigué, épuisé et/ou déprimé, le fait de s'asseoir ou de se tenir droit suppose trop d'efforts et votre posture s'écarte petit à petit de la position idéale. Une mauvaise posture prolongée affecte l'alignement de la colonne vertébrale et peut provoquer des problèmes de dos — sans même parler des douleurs de dos psychosomatiques —.

Dans le cas de dépressions sévères, le traitement direct d'un problème de dos associé aura sans doute peu d'effets à long terme. La personne affectée devrait envisager de demander l'avis d'un conseiller ou d'un psychothérapeute et de suivre un traitement antidépresseur. Bon nombre de médicaments utilisés pour traiter la dépression agissent également comme des analgésiques, si bien que leurs effets sont doubles. D'autre part, une douleur de dos qui persiste longtemps peut aussi déboucher sur une dépression ; là aussi, un traitement est nécessaire.

Q Les colliers cervicaux et les corsets pour le dos aident à soulager la douleur. Comment ?

R Les colliers cervicaux et les corsets sont utiles et peuvent soulager la douleur, mais ils peuvent aussi être pernicieux lorsqu'ils sont portés trop longtemps. Les colliers cervicaux sont souvent utilisés après des accidents de la route pour soutenir le cou et permettre la guérison des tissus mous endommagés ou déchirés. La période durant laquelle ils sont portés dépend de l'importance de la lésion, mais elle ne dépasse généralement pas quelques semaines. Les orthèses pour le cou et le dos sont également utilisées à la suite d'une opération de la colonne vertébrale, et elles servent dans ce cas à soutenir la colonne jusqu'à ce que le patient soit complètement remis. Lorsque le port d'une orthèse est nécessaire, il est essentiel qu'elle soit mise en place par un thérapeute ou un praticien qualifié. Le port incorrect d'une orthèse peut aggraver un problème existant et faire plus de mal que de bien.

Il n'est généralement pas conseillé de porter un corset pour le dos pour soulager la douleur lombaire. Le corset soutiendra sans doute la colonne de façon temporaire, mais il provoquera par ailleurs l'affaiblissement des muscles stabilisateurs et vous rendra à long terme plus vulnérable aux lésions et à la douleur. La douleur du dos est souvent liée à la faiblesse des muscles stabilisateurs du dos, et particulièrement du transverse de l'abdomen.

Parfois, les ceintures lombaires peuvent soulager le mal de dos des travailleurs manuels. Ceci s'explique par le fait qu'elles servent à éviter que l'on adopte une position fléchie et que l'on se tourne en soulevant un poids. Mais dans ce cas, il est important que la ceinture ne soit portée que lorsque le travail peut faire souffrir le bas du dos, et sur une période de temps limitée.

Q J'ai entendu dire que le mode d'alimentation pouvait avoir une incidence sur les douleurs de dos. Est-ce vrai ?

R La douleur résulte souvent d'une inflammation, qui est une réponse du corps aux lésions. Une alimentation saine et équilibrée est indispensable pour la santé de toutes les structures du corps (muscles, cartilage, os, etc.) et toute carence peut favoriser les lésions et la dégénérescence. L'alimentation influe également sur la réaction inflammatoire. La viande rouge et les graisses animales semblent accroître la réaction inflammatoire, tandis que les poissons « gras » (sardine, maquereau, hareng et saumon) sont particulièrement bons pour réduire l'inflammation.

Il est généralement conseillé d'avoir une alimentation riche en fruits, en légumes, en ail, en oignon et en poisson. Essayez d'éviter la caféine, les conserves et la viande rouge. Les boissons gazeuses, le thé, le café, le chocolat et la cigarette sont des facteurs de risque pour la réduction de la densité osseuse. Les vitamines et les compléments minéraux peuvent aider à prévenir les carences ; par exemple, le sulfate de glucosamine est l'un des composants du cartilage et il a été démontré qu'il retarde l'ostéoarthrite.

Un certain nombre de patients sont également parvenus à soulager des douleurs arthritiques en supprimant la prise d'aliments issus de la famille des solanacées. Bien que cela n'aide pas tout le monde, cette solution vaut la peine d'être essayée dans la mesure où elle a considérablement réduit les symptômes que présentaient certains patients. Les aliments concernés sont les tomates, les pommes de terre, les aubergines (brinjal) et les poivrons ; ils peuvent être supprimés durant un mois, au cours duquel les symptômes seront contrôlés.

Q Mon mari a régulièrement mal au dos. Doit-il cesser de travailler jusqu'à ce que le problème disparaisse ?

R Dans le passé, il était recommandé aux gens souffrant du dos de se coucher, de prendre des analgésiques et d'attendre que la douleur passe. Mais ce n'était pas toujours la bonne solution, car les tissus ont besoin de mouvement pour la circulation, la nutrition et le drainage, et les muscles doivent être utilisés pour ne pas s'affaiblir. Il a été constaté que les gens qui ne gardaient pas le lit récupéraient plus rapidement. Ainsi les praticiens recommandent-ils fréquemment aujourd'hui à leurs patients d'éviter les longues périodes d'inactivité qui sont en fait susceptibles de retarder le rétablissement.

Votre mari doit être à l'écoute de son corps et exécuter les mouvements et les exercices qu'il est capable de faire confortablement. S'il souffre de douleurs aiguës, il serait bon qu'il s'allonge sur le dos, immobile et les genoux pliés (si cette position lui paraît confortable), qu'il reste ainsi entre une demi-heure et une heure, puis qu'il fasse quelques pas durant quelques minutes avant de trouver à nouveau une position confortable. S'il souhaite effectuer des exercices, il doit s'adresser à un thérapeute manuel. Il arrive parfois que les exercices ne soient pas adaptés à la personne qui doit les réaliser ; cela peut s'avérer plus nuisible que bénéfique si cette personne adopte une position susceptible d'accroître la douleur.

Quant à savoir si votre mari doit ou non retourner travailler, cela dépend du type de travail qu'il effectue et de la cause de son mal de dos. Un travail qui implique de rester longtemps assis, par exemple, devra être évité dans le cas d'un prolapsus du disque ; de même, les personnes souffrant du dos devront éviter aussi longtemps que possible de reprendre un travail qui les contraint à soulever des charges lourdes.

Q Je souffre fréquemment de crises de sciatique douloureuses. Les massages de la région lombaire soulagent la douleur, mais comment puis-je prévenir les crises à venir ?

R La sciatique n'est pas vraiment une maladie. C'est de plus en plus souvent un terme utilisé pour désigner une douleur lancinante présente dans une jambe (ou dans les deux). Pour correspondre à la description de la sciatique, la douleur doit être située sur le parcours du nerf sciatique. Celui-ci est composé de racines nerveuses qui proviennent du plexus sacré. C'est le nerf le plus gros du corps ; il passe à l'arrière de la cuisse et se divise en deux pour rejoindre la partie externe de la jambe d'une part, et le pied par l'arrière de la jambe d'autre part (voir page 31).

Un grand nombre de structures de la colonne vertébrale peuvent exercer une pression sur l'une ou l'autre des racines nerveuses. Cette pression crée une sensation de douleur le long du trajet du nerf sciatique, ce qui explique le fait qu'une pression sur les racines nerveuses au niveau de la colonne puisse être ressentie dans la jambe.

Des exercices de mobilité neurale effectués régulièrement (voir page 44) devraient réduire considérablement la réapparition des douleurs sciatiques. Pour certaines personnes, la méthode Pilates et le Yoga semblent efficaces ; toute mesure préventive doit mettre l'accent sur la régularité des étirements et des exercices de renforcement. Des séances d'exercices régulières peuvent se révéler bénéfiques.

La chaleur et le massage de la région lombaire permettront de détendre les structures environnantes et soulageront temporairement la tension autour du nerf. En cas d'extrême douleur, consultez un thérapeute qualifié qui sera en mesure de diagnostiquer et de traiter votre problème.

Q On m'a récemment diagnostiqué un prolapsus discal. Mon dos est-il définitivement abîmé ? Est-ce que j'aurai toujours des problèmes de dos ?

R Les symptômes d'un prolapsus discal peuvent être très variables et ne correspondent pas forcément à la taille de la protrusion. Il est intéressant de noter que lorsque des gens ne souffrant pas de douleurs au dos passent un scanner, on découvre beaucoup de prolapsus complètement asymptomatiques. Cela démontre qu'il est difficile de déterminer de façon certaine que le prolapsus est la cause de la douleur. Il a été suggéré que les symptômes sont peut-être liés à la vitesse à laquelle le prolapsus du disque se produit.

Il est également difficile de déterminer combien de temps durent les symptômes. Certains patients ont très mal durant six semaines sans réapparition des symptômes, tandis que d'autres ont mal des années durant. Un certain nombre de mesures peuvent tout de même être prises pour accroître les chances de rétablissement complet. Tout d'abord, vous devez savoir que le disque supporte une pression importante lorsque vous vous asseyez, lorsque vous soulevez une charge ou lorsque vous effectuez un mouvement de torsion. Toute activité au cours de laquelle le bas du dos est fléchi (penché en avant) accroîtra la pression qui s'exerce sur les disques. Vous devriez éviter ces activités durant les trois premières semaines de douleur pour permettre aux tissus de se réparer et éviter d'autres déchirures. Il est difficile d'éviter de s'asseoir, mais cela vaut la peine de se montrer exigeant envers soi-même et de trouver des positions alternatives (manger sur une table un peu surélevée, ou se coucher sur le sol pour regarder la télévision, par exemple). Un certain nombre d'accessoires ergonomiques peuvent également être utiles pour réduire la flexion de la colonne lombaire. Il existe ainsi des coussins qui réduisent la flexion des hanches, qui appuient dans le creux du dos et qui permettent de s'asseoir plus droit (voir page 76). Des coussins destinés au soutien lombaire peuvent également être fixés à votre chaise de travail ou à votre siège de voiture.

Si vous ne pouvez éviter de soulever des charges lorsque vous exercez votre métier, que vous ayez ou non souffert de douleurs lombaires, il est recommandé de suivre les conseils d'un ergonome ou d'un kinésithérapeute. Ils vous enseigneront à maintenir la charge que vous soulevez aussi près que possible de votre centre de gravité en fléchissant au minimum la colonne vertébrale et en évitant qu'il ne se produise une torsion en même temps (reportez-vous à la page 82 pour ce qui a trait à la façon de soulever des objets).

Les vibrations peuvent également contribuer à la dégénérescence des disques ; ainsi la conduite, ou le travail sur des machines qui vibrent, peut accroître les symptômes et retarder le rétablissement. Après la phase aiguë, il est important de suivre un programme d'exercices destinés à renforcer les muscles qui soutiennent le dos.

Q J'ai entendu dire que le fait de fumer pouvait être un facteur qui contribue au mal de dos. Est-ce vrai ?

R Le tabac est un facteur de risque pour le mal de dos, et en particulier pour le mal de dos intermittent ou qui se poursuit sur une longue période de temps. L'une des explications est que le fait de fumer rétrécit les vaisseaux sanguins ; cela affecte essentiellement les régions du corps riches en vaisseaux sanguins, telles la colonne et les parties extérieures des disques intervertébraux. Il a été démontré que le fait de fumer réduisait l'apport en sang et contribuait ainsi au processus dégénératif.

Le tabac est également associé à des taux réduits de vitamine C, or celle-ci est essentielle pour la santé et la réparation des tissus, et la réduction des niveaux de vitamine C contribue à la dégénérescence et à l'inflammation. Si vous êtes fumeur, vous avez sans doute tout intérêt à vous arrêter… et pas seulement pour les raisons que nous venons d'exposer ! Si vous n'y parvenez pas, il est conseillé de prendre un complément de vitamine C.

Q J'ai 40 ans et je souffre parfois de mal de dos. Par ailleurs, je sens que mon dos est de plus en plus raide ou douloureux le matin. Pourquoi ?

R La douleur matinale peut être due à l'inflammation et à l'étirement des muscles et des structures de votre dos qui sont restés inactifs durant toute une nuit. L'inflammation est une réaction des tissus à une agression ; comme il y a peu de mouvement durant la nuit, il y a moins de drainage des tissus de la zone affectée et cela peut favoriser une accumulation de substances provoquant une inflammation qui peut comprimer les terminaisons nerveuses et engendrer de la douleur.

La durée de la douleur, le matin, varie en fonction de l'importance de l'inflammation. L'ostéoarthrite provoque généralement 10 à 30 minutes de douleur et de raideur le matin, tandis que la polyarthrite rhumatoïde ainsi que d'autres maladies inflammatoires peuvent causer jusqu'à deux heures de douleurs vives le matin. Si la douleur matinale ne s'atténue pas au bout d'une heure, consultez un thérapeute manuel.

Si la douleur ne dure pas et n'est pas liée à un problème médical, essayez de faire quelques exercices comme ceux des pages 34-39 afin de mobiliser les structures raidies et détendre les muscles qui peuvent avoir été contractés à la suite d'une lésion antérieure.

Q Une maladie de Scheuermann a été diagnostiquée chez mon fils. De quoi s'agit-il et que pouvons-nous faire pour combattre cette maladie ?

R Bien qu'un certain nombre d'hypothèses aient été avancées, l'origine de la maladie de Scheuermann reste inconnue. Dans la plupart des cas, elle est diagnostiquée au cours de l'adolescence et elle est généralement détectée par des parents qui s'inquiètent de la mauvaise posture de leur enfant. La maladie de Scheuermann affecte souvent la colonne thoracique, mais elle peut aussi affecter le bas du dos. Généralement, les symptômes sont : une déviation exagérée de la partie supérieure du dos (cyphose), une raideur dorsale et des douleurs intermittentes. À mesure que la cyphose se fait plus importante, le cartilage de la partie antérieure des vertèbres subit une pression accrue, ce qui retarde sa croissance. Cette croissance retardée de la partie antérieure, ajoutée à une croissance normale dans la partie postérieure, aggrave la déviation.

Les traitements permettent de soulager la douleur, de corriger la déformation et d'empêcher une progression éventuelle de la courbure. Il est recommandé de réaliser des exercices qui, joints au port d'un corset, pourront avoir un effet bénéfique sur la courbure durant les années de croissance. Les exercices seuls ne sont pas suffisants, mais ils peuvent aider à soulager la douleur du dos qui survient lorsque la fatigue est présente. (Reportez-vous au Chapitre 4 pour les exercices de renforcement et d'étirement, en particulier ceux relatifs à l'omoplate et aux ischio-jambiers.)

GLOSSAIRE

Annulus fibrosus : partie périphérique du disque intervertébral.

Bassin : structure osseuse formée par les os iliaques, le sacrum et le coccyx.

Capsule : structure fibreuse qui recouvre les articulations, contribue à leur stabilité et qui renferme la membrane synoviale sécrétant le liquide synovial.

Cardiovasculaire : se réfère au cœur et aux vaisseaux sanguins. Le système cardiovasculaire assure la circulation du sang à travers l'organisme. Le sang apporte les nutriments et l'oxygène aux tissus et participe à l'élimination des déchets.

Cartilage : tissu conjonctif dense et flexible. Durant les premières étapes du développement, le corps comporte de nombreuses structures cartilagineuses qui disparaissent pour la plupart rapidement. À l'âge adulte, le cartilage est encore présent dans certaines parties du corps, et notamment dans les articulations.

Cyphose : courbure thoracique.

Dégénérescence : détérioration d'un organe qui ne peut plus fonctionner normalement ou perte de fonctions particulières des cellules d'un tissu.

Disque intervertébral : disque de cartilage fibreux, souple et relativement plat, interposé entre deux vertèbres adjacentes.

Fascia : tissu conjonctif formant des couches d'épaisseur variable et qui enveloppe les organes les plus délicats. Il existe un fascia superficiel, juste sous la peau, et un fascia plus profond qui est en rapport avec les muscles.

Fascia thoraco-lombaire : tissu conjonctif qui s'étend dans la région thoraco-lombaire et qui relie le transverse de l'abdomen aux processus transverses des vertèbres lombaires, contribuant de la sorte à la stabilité de la colonne vertébrale.

Fléchisseur : muscle responsable de la flexion.

Flexion latérale : le fait de pencher le corps sur la gauche ou sur la droite.

Hypermobile : dont le mouvement est trop important.

Hypomobile : dont le mouvement est insuffisant.

Inflammation : réaction de l'organisme face à une agression dont les signes sont la douleur, la chaleur, la rougeur et le gonflement. Les vaisseaux sanguins situés à proximité de la zone affectée se dilatent afin de permettre au sang de l'atteindre pour favoriser le processus de guérison.

Intervertébral : voir Disque intervertébral

Ischio-jambiers : groupe de muscles situés à l'arrière de la cuisse. Ils permettent de fléchir le genou et de mouvoir la jambe en arrière.

Isthme : partie de la vertèbre située entre les processus articulaires supérieurs et inférieurs.

Ligament : tissu fibreux de couleur blanche reliant les os d'une articulation. Les ligaments sont souples mais peu élastiques. Ils renforcent l'articulation tout en limitant son mouvement.

Liquide synovial : dans une articulation, liquide lubrifiant qui nourrit le cartilage.

Lordose : courbure cervicale ou lombaire.

Manipulation : mouvement semblable à la mobilisation, mais plus spécialisé. Il est essentiel que le patient soit détendu lorsque la manipulation est réalisée.

Mobilisation : mouvement qui produit un effet thérapeutique dans une structure spécifique du corps.

Muscle : structure contractile assurant les mouvements ou exerçant une force. La contraction d'un muscle peut permettre le mouvement d'une articulation (le genou ou le coude, par exemple).

Musculo-squelettique : se réfère au système musculaire et au système osseux.

Nerf fémoral : nerf s'étendant jusqu'à la cuisse et innervant le quadriceps (muscle de la partie antérieure de la cuisse) ainsi que la peau de la partie médiane de la jambe. Le nerf fémoral provient du plexus lombaire.

Nerf sciatique : nerf partant du plexus sacré et descendant jusqu'au pied par l'arrière de la jambe.

Neural : relatif au système nerveux.

Nucleus pulposus : structure interne du disque intervertébral d'aspect gélatineux.

Ossification : formation de l'os.

Processus articulaire : apophyse de la vertèbre dont les extrémités, les facettes articulaires, constituent l'articulation synoviale entre deux vertèbres. Il existe deux paires de facettes articulaires dans chaque segment intervertébral.

Processus épineux : protubérance osseuse s'étendant vers l'arrière de la vertèbre.

Prolapsus du disque : lorsque la partie centrale gélatineuse du disque intervertébral (le nucleus pulposus) pénètre dans la partie périphérique (l'annulus fibrosus). Exerce dans certains cas une pression sur un nerf provoquant une douleur dans le bas du dos.

Quadriceps : l'un des grands muscles extenseurs de la cuisse/du genou. Le quadriceps est situé sur la partie antérieure de la cuisse ; il permet l'extension du genou et aide à lever la jambe en avant.

Rééducation : traitement d'un patient permettant de rétablir un état et un fonctionnement normaux.

Rotation : mouvement du corps autour d'un axe.

Scoliose : déviation latérale de la colonne vertébrale. Elle peut être congénitale ou acquise.

Spasme : une contraction musculaire involontaire pouvant survenir, par exemple, à la suite d'une douleur localisée.

Stress : facteur affectant la santé de l'organisme et/ou ayant un effet négatif sur son fonctionnement (lésion, maladie, traumatisme psychologique...).

Système actif : se réfère essentiellement aux muscles, par opposition aux ligaments et aux tissus non contractiles qui constituent le système passif.

Système nerveux : ensemble des centres nerveux et des nerfs de l'organisme (système nerveux central compris).

Système passif : les ligaments et structures ne possédant pas de fibres contractiles, par opposition au système actif (musculaire) qui a la possibilité de se contracter.

Terminaison nerveuse : partie terminale d'une fibre nerveuse. Dans l'appareil moteur, une terminaison nerveuse peut être en contact avec un autre neurone (jonction synaptique) ou avec un muscle (jonction neuro-musculaire).

Tissu cicatriciel : tissu conjonctif qui se forme pour réparer une plaie. Le tissu cicatriciel, fibreux, participe au processus de guérison de l'organisme.

Transverse de l'abdomen : muscle profond de l'abdomen qui, lorsqu'il est correctement contracté, contribue de manière importante à la stabilité de la colonne vertébrale.

Vertèbres : les 33 os qui forment la colonne vertébrale.

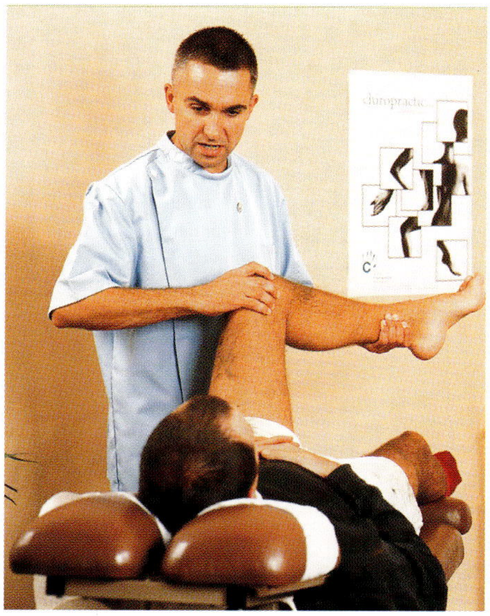

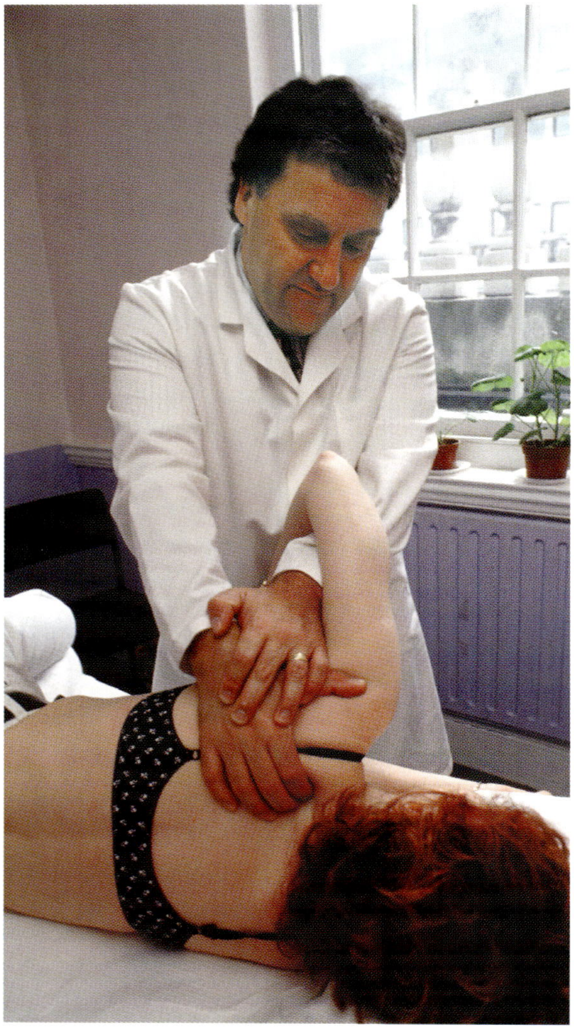

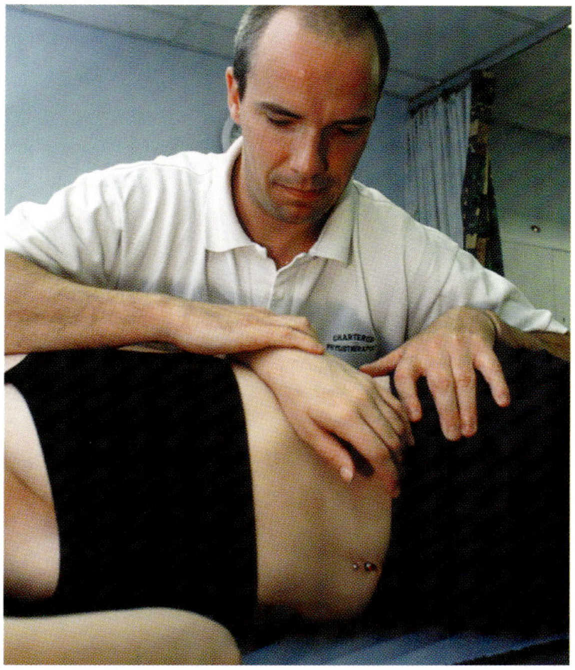

N

O

P

R

S

T

V

Y

CRÉDITS IMAGES

Photographies de Ryno Reyneke, à l'exception de celles du tableau ci-dessous, qui sont la propriété des photographes et/ou des agences mentionnés :

Couverture	Gallo Images	93-94	Gallo Images
2-6	Gallo Images	97	Image Bank
8-9	Ian Lansdale	98	John Walmsley
10-12	Gallo Images	98	Photofusion Picture Library
13	Struik Image Library	99	Photofusion Picture Library
14-15	Image Bank	100	British Chiropractic Association
16	John Birdsall Photography	101	Photofusion Picture Library
18-19	Gallo Images	102-103	Medipics
33	Image Bank	104	John Walmsley
78	Imagingbody	105	Wellcome Photo Library
85	Gallo Images	106-110	Struik Image Library
86	Gallo Images	111	Travel Ink
88	Gallo Images	113	Struik Image Library
90	Gallo Images	116-117	Struik Image Library

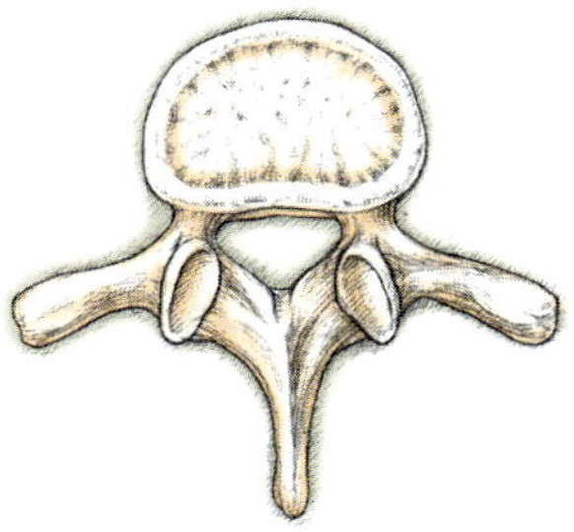

RÉFÉRENCES

Hutson, M. A. (1993) *Back Pain: Recognition and Management.* Londres. Butterworth Heinemann Ltd.

Porter (1982) *Management of Back Pain.* Édimbourg. Churchill Livingstone.

Porterfield, J. A. et De Rosa, C. (deuxième édition, 1998) *Mechanical Low Back Pain.* USA. W. B. Saunders.

Twomey, L. T. et Taylor, J. R. (1994) *Physical Therapy of the Lower Back.* Churchill Livingstone.

Kendall, F. P. et McCreary, E. K. (1993) *Muscle Testing and Function.* Williams & Wilkins.

Petty, N. J. et Moore, A. P. (1998) *Neuromusculoskeletal Examination and Assessment.* Churchill Livingstone.

Key, Sarah (2000) *Back Sufferer's Bible.* Londres. Vermilion/Random House.